［遊び尽くし］

HOW TO ONIGIRI

女将《おかみ》の評判おにぎり

Hirao Hiroko
元町 梅林 平尾禮子

創森社

おにぎりは真心・遊び心で～序に代えて～

横浜の元町にて料理屋「元町　梅林《ばいりん》」を営んで約30年。お店の歴史と同じ年月、毎日毎日たくさんのおにぎりを握ってきました。旬《しゅん》の食材を生かしたコース料理の「締め」のごはんとして、おにぎりをお出ししているからです。

お店でお出しするおにぎりのほかにも、たくさんのおにぎりを握ります。私は元来食いしん坊で、「おいしいもの好き」が高じてお店を開いてしまったようなものなので、おいしいものをくふうするのが大好き。孫の大《だい》が中学に入学してお弁当づくりが始まってからは、お弁当に凝りすぎて、孫に「恥ずかしいからやめてよ」と怒られてしまったほどです。

幸いというのか、お店で使った材料の残りものがいろいろありますので、それらをくふうしているうちに、おにぎりのバリエーションはどんどん広がりました。しかし当の孫はいたってあっさりした「塩むすび」が好みなので困ったものですが、孫のお友達には好評だったようです。

*

それから、お店のスタッフのまかない用。忙しくなると、座って食事なんてしていられないので、立ったまま、小腹がすいたときにちょいちょいっとつまめる「おにぎり」が重宝するのです。けちけちしないでたっぷり

具を入れて、ひと口かじっただけで、ごはんとおかずが一緒に口の中に入るよう、おにぎりとお茶だけで食事がすませるようにつくります。

昔、実家が静岡県で果樹園を営んでいたとき、母が農家の人たちへのお弁当用にとつくっていた、砲丸みたいな大きなおにぎりに憧れてつくった、大きな大きな「爆弾おにぎり」は、私の遊びのつもりだったのに、ひょんなことからマスコミに紹介され、おなじみさんにせがまれて、お店でお出しするようになりました。

お持ち帰りになった「梅おにぎり」をお茶漬けにして食べたらおいしかった、とお聞きして、なるほどと思ったこともあります。お客様との触れ合いのなかから、さらに新しいメニューが生まれていきます。

＊

おにぎりには「夢」があります。食べる人がどんな顔をして、どんなふうに食べるのかしら？おいしいと言ってくれるかなあ……などと考えながら握るのが大好きです。おいしいものがあって、食べてくれる人がいる。そんな喜びをかみしめながら、今日も明日もあさっても、おにぎりを握り続けます。

2001年10月

「元町 梅林」平尾 禮子

［遊び尽くし］女将の評判おにぎり◆もくじ

おにぎりは真心・遊び心で〜序に代えて〜——2

第1章　おにぎり道のセオリー　9

おにぎりの形いろいろ——10
ごはん・塩・海苔——12
手水と手塩——13
握り方　コツのコツ——14
海苔の巻き方——16

粋な具そろい踏み

漬け物——18・20
干物・鮭・タラコ・明太子——19・20
海藻・魚介類——21・22
肉類・チーズ——21・23
生野菜——24

第2章 定番おにぎりの底力 25
梅ガツオおにぎり――26・28
応用・トビウオの梅あえおにぎり――28
梅おにぎり――27・29
鮭おにぎり――30・32
応用・鮭とミツバのおにぎり――30・32
タラコおにぎり――31・33
おかかおにぎり――34・36
昆布おにぎり三種――35・37
アサリしぐれ煮おにぎり――38・40
牛しぐれ煮おにぎり――39・40
シラスおにぎり――42・44
サンショウジャコおにぎり――43・44

第3章 絶品おにぎりの競演 45
マグロ中落ち甘辛煮おにぎり――46・48
ウナギ蒲焼きおにぎり――47・49
イワシ味噌漬けとショウガのおにぎり――50・52

明太子おにぎり——51・53
カマスと板ワカメのおにぎり——54・56
アジ干物のおにぎり——55・57
応用・アジ干物のショウガごはんにぎり——51・53
キャラブキ佃煮のおにぎり——58・60
黒ゴマと味噌漬けのおにぎり——59・61
シバ漬けおにぎり——62・64
野沢菜漬けおにぎり——62・64
おかかごはんの高菜漬け巻き——63・64
応用・高菜炒めおにぎり——65
切り干しダイコンおにぎり——66・68
キンピラおにぎり——67・69
赤飯おにぎり——70・72
豚ゴボウ炊き込みごはんのおにぎり——71・72

第4章 傑作おにぎりの変幻自在 73

爆弾おにぎり——74・76
チーズおかかおにぎり——78・80
ハムおかかおにぎり——79・80
ベーコンおかかおにぎり——79・81

ローストビーフおにぎり――82・84
味噌焼きおにぎり――83・85
しょうゆ焼きおにぎり――83・85
揚げおにぎり――86・88
おにぎり茶漬け――87・88

第5章 今日もおにぎり日和 89

おにぎりづくりに明け暮れて――90
「元町 梅林」とおにぎり――92
3升ずつ炊くごはんは、おにぎり60個分――94
旬のおいしい素材を生かす――96
手づくりの保存食を生かす――98
おにぎりは中をふんわり握る――100
おにぎりの包み方のテクニック――102
おにぎりとおむすび、にぎり飯――104
昔も今もおにぎりはファストフード――105
「元町 梅林」のお客様とおにぎり――106

◆「元町 梅林」インフォメーション――108

店を手伝う孫の和貴とともに（「元町 梅林」入り口で）

●

デザイン――寺田有恒
ビレッジ・ハウス
撮影――野村 淳
編集協力――板橋小町
岩谷 徹
山口文子

第１章

おにぎり道のセオリー

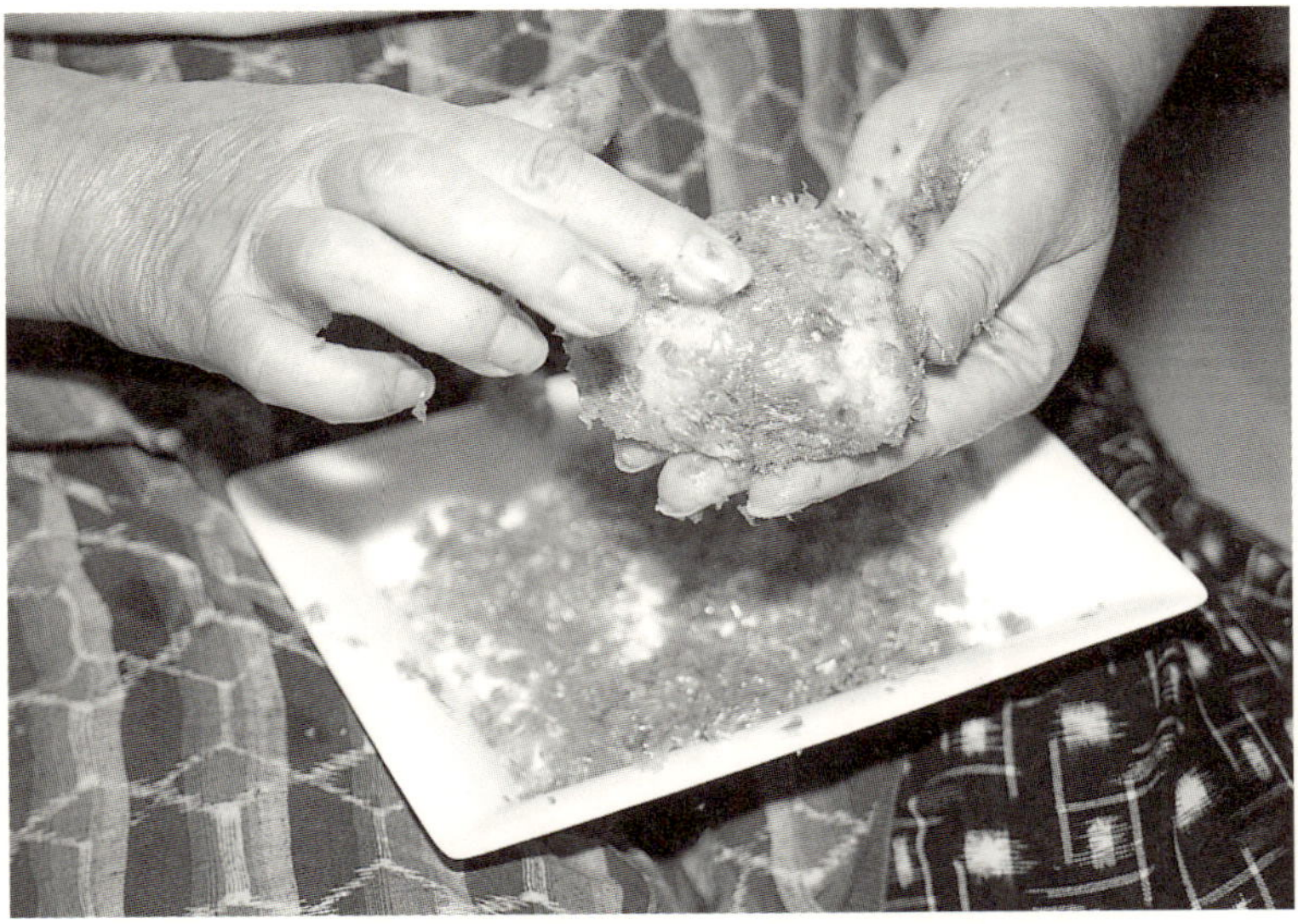

おにぎりにおかかをまぶす

おにぎりの形いろいろ

俵　形
ミニ俵形
小鼓形
三角形

ごはん・塩・海苔

おにぎりはシンプルな料理だけに、味の決め手は材料の良し悪しです。

●ごはん

しっとりと粘りけのあるごはんが、おにぎりには最適。握りやすく、しかも口の中に入れるとほろりとほぐれます。

銘柄はとくに限定しません。うちでは、懇意のお米屋さんに調合してもらっています。

●塩

塩の味はおにぎりのでき上がりを大きく左右します。塩辛いだけの精製塩では、おいしいおにぎりはつくれません。

私のお気に入りは、静岡県清水市から取り寄せた自然塩。しょっぱいだけでなく、どこか甘みが感じられる、やわらかい味わいです。

●海苔

形はくっきり、でも中はふんわり

色が黒く、しっかりして均一な厚みがあり、ツヤのあるものが上等品。店では千葉県の業者から厳選したものを取り寄せています。

普通の大きさのおにぎりを握る場合、海苔を全面に巻くなら、1枚を対角線に沿って半分に切って三角形にしたものをつくっておくと、効率よくきれいにできます。

帯状に海苔を巻きたい場合には、好みによって、1枚の海苔を$\frac{1}{3}$や$\frac{1}{4}$に切ったものを使います。

その他、細い帯状や円形、三角など好みの形に切り、自由に飾るのもいいでしょう。

手水と手塩

おいしいおにぎりを握るコツは、手水《てみず》の量と塩加減。私は、具の味つけによって塩の量を加減しています。

●手水はごく少量

おにぎりをつくるときは、ごはん粒が手につかないよう、手に水をつけて握ります。これを手水といいます。

慣れない方は、手にごはん粒がつくのが嫌で、ついたっぷり手水をつけてしまいがちですが、つけすぎると、おにぎりが水っぽくなっておいしくありません。手水はごく少量、手が軽く湿る程度にして、ごはん粒が少し手につくくらいのほうが、おいしいおにぎりがつくれるのです。

●塩加減の目安

手塩の量は、具の味つけにより加減します。

ごく少なめ　梅おにぎりなど塩分の多い具のときは、手を軽く湿らせて、人さし指、中指、薬指の3本の指の先で塩を触ってついてくるくらいが目安です。

普通　一般的なおにぎりは、3本指で軽く塩をひとつまみするくらいの量。

濃いめ　佃煮など具に甘みがある場合は、やや濃いめの塩味。3本指を使ってやや多めにつまむくらいが目安です。

●塩水を使って握る方法

たくさんのおにぎりをつくるときには、水に塩を溶かして塩水をつくり、手水のかわりにこの塩水を手につけて握ると便利。この方法だと、微妙な塩加減が簡単に調整でき、またおにぎり全体に塩が均一に回ります。

塩加減は、梅おにぎりは、ほとんど塩気を感じないくらいの薄い塩水。普通の塩加減のおにぎりは海水よりやや薄い塩水。佃煮など甘みのある具を握るときの濃いめの塩加減は、海水くらいが目安です。

握り方　コツのコツ

形はしっかりしているけれど、中はふんわり。口に入れるとほろりとほぐれるやわらかさが理想です。決して強く握りすぎない、やさしい「手加減」が、おいしいおにぎりをつくります。とはいえ、こわごわ触っているばかりでは形はうまくできません。結局は「慣れ」です。手早く、軽く、手首のスナップを利用して、テンポよく握りましょう。

丸　形

手のひらを軽く丸め、適量のごはんを盛る

手指を丸め、第1関節から指のつけ根にかけてのカーブを利用して丸みをつける

手の中でおにぎりを回しながら軽く握って仕上げる

塩をつける

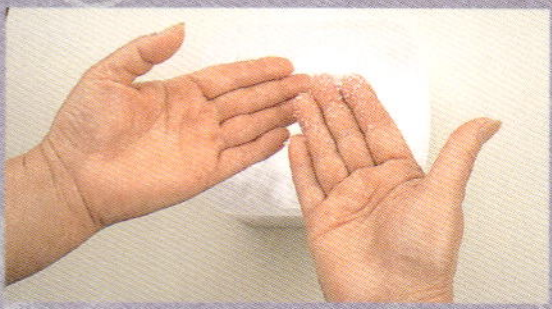

ごく少量の手水をつけ適量の塩を指先に取る

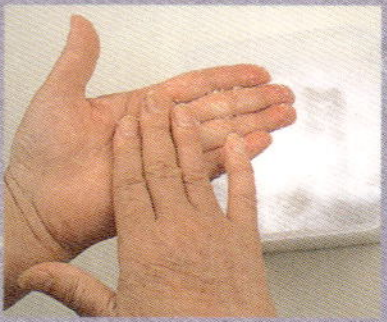

手のひら全体に均一に塩をのばす

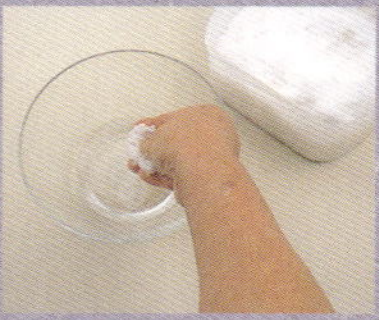

塩水を使えば微妙な塩加減の調整が簡単

塩のつけ方は2種類。手水をして塩を直接手につける方法と、塩水をつくり、これを手水代わりに手につけて握る方法です。

大きいおにぎり（「爆弾おにぎり」74～77頁参照）だけは手水に塩でないとごはんがうまく締まらず握れませんが、おにぎりを数多くつくるときは、塩水を使ったほうが微妙な塩加減が調整でき、均一に塩が回ります。

俵形

手のひらを軽く丸め、細長い形にごはんを盛る

親指を除いた４本の指を丸めたカーブを利用して細長く握る

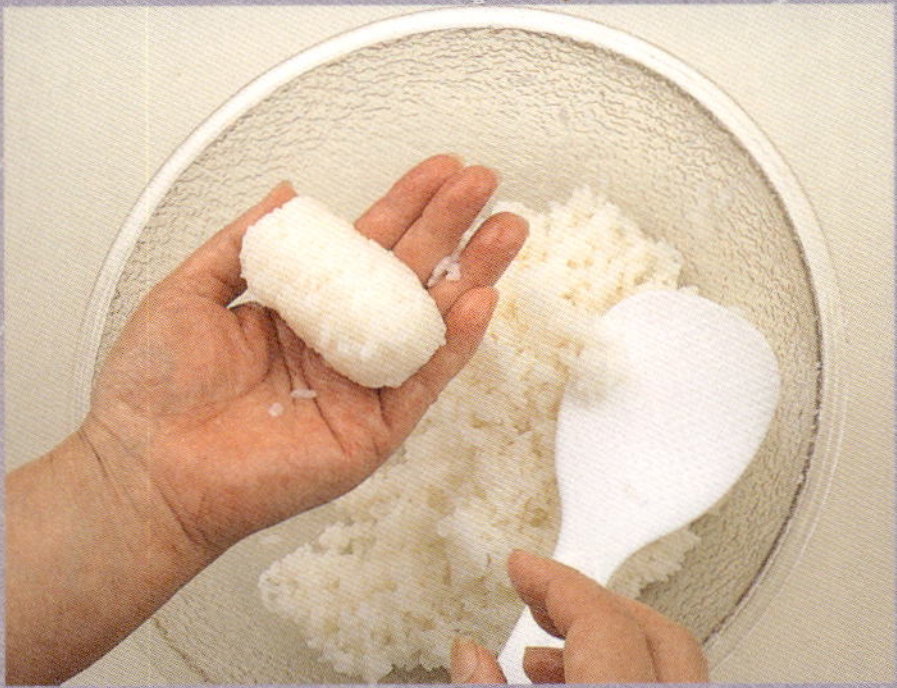

均一な円柱形をつくり、側面を整えて完成

三角形

人さし指、中指、薬指の３本をまっすぐ倒して山をつくり、おにぎりに角をつける

角度を変え、３本の指と親指で包むようなつもりで角と面を整える

強く握らず、やわらかめを心がけて形を整えて完成

海苔の巻き方

おにぎり全体を海苔ですっぽりくるむのは、実際やってみようとすると、海苔が余ったり足りなくなったりして難しいものですが、三角形に切った海苔を使うと意外に簡単にできます。

全面に海苔を巻く

海苔１枚を対角線に沿って半分に切った三角形の海苔を使う

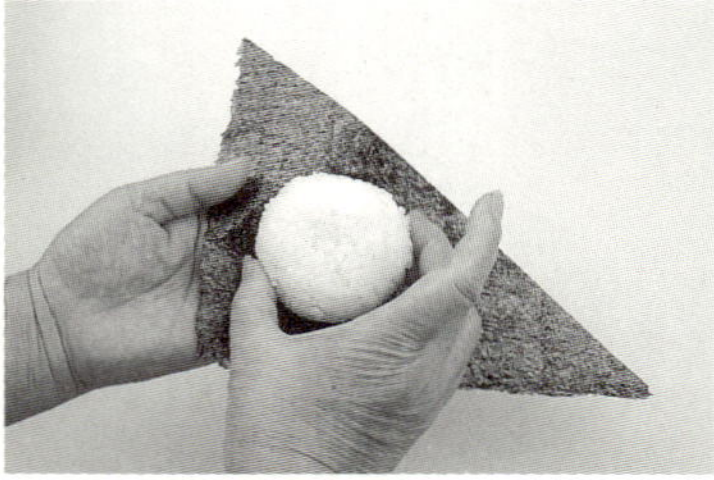

ざらつきのある裏面の中央におにぎりをのせる

三角形の角を持ち上げ、おにぎりの形に添わせるようなつもりで巻く

残りの２つの角も同様。海苔が余りすぎたら切るが、これくらいなら大丈夫

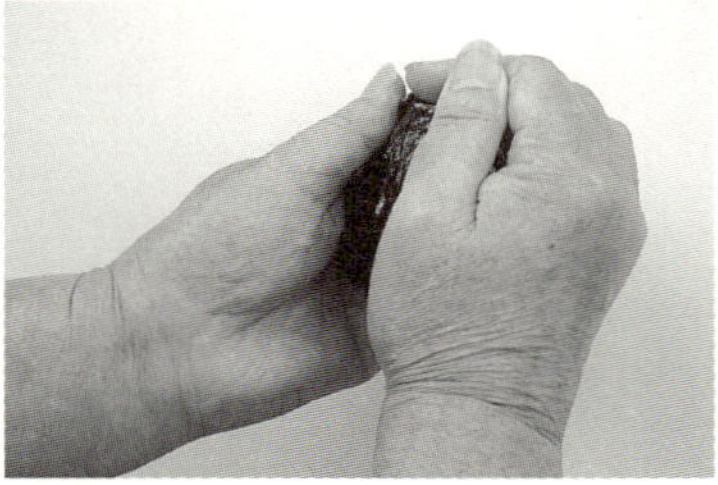

軽く握って海苔をなじませる

形を整えて完成

初心者の場合、握りすぎるとおにぎりがかたくなるので、形を整えるときにはラップで軽く包むほうが簡単。このままお弁当として持っていってもＯＫ。

巻き方いろいろ

俵形の帯状巻き。海苔の幅はおにぎりの幅に合わせて切る。くるりと巻いて、余った部分は切る

三角形の全面海苔。右頁と同じ三角形の海苔を使用。部分的に海苔が余ったり足りなかったりするので、余った部分をちぎり、足りない部分に貼りつけて、全体が海苔でおおわれるよう調整する

球形の全面海苔。全面海苔はすべて、三角形の海苔を使用。球のカーブによって部分的に海苔が余ったり足りなかったりするので、余った部分を適宜ちぎって足りない部分に貼りつけて調整する

三角形の帯状巻き。海苔１枚を⅓に切った長方形の海苔を使用。巻いてみて、長さが余るなら、ハサミで余分な部分を切って仕上げる

小鼓形の軍艦巻き。おにぎりの高さに合わせた幅に切った長方形の海苔を使用。具をトッピングすると楽しい

球形の十文字巻き。細く切った海苔を十文字に巻きつける。このほか、くふう次第でバリエーションは無限

三角形のお姫様巻き。⅓の長方形海苔を横にして、おにぎりの三角の底辺と平行になるように置き、海苔の左右を折り下げる

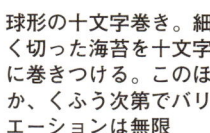

粋な具そろい踏み

漬け物

干物・鮭・タラコ・明太子

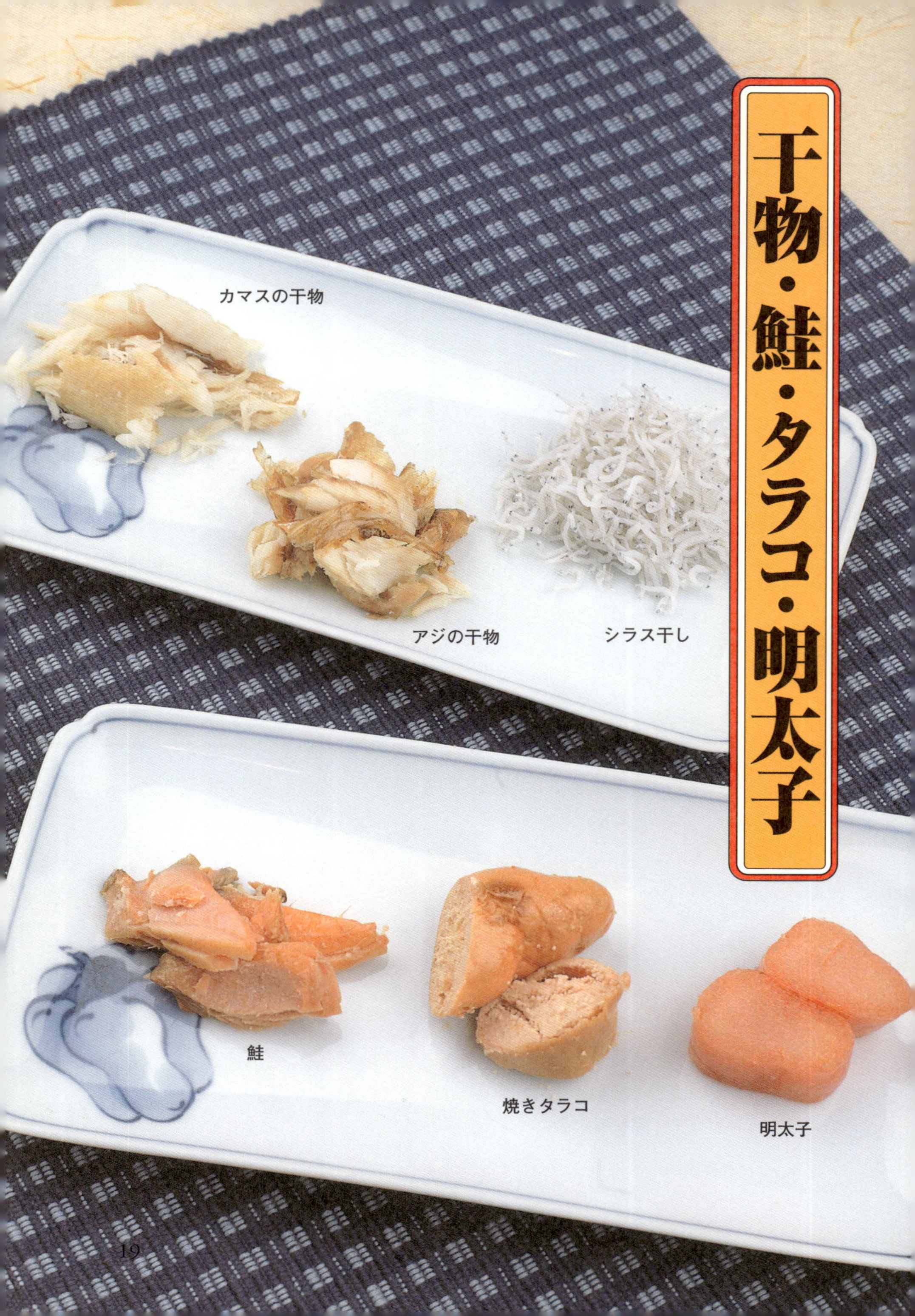
カマスの干物
アジの干物
シラス干し
鮭
焼きタラコ
明太子

漬け物・干物・鮭・タラコ・明太子

私のおにぎりは具がたっぷり。ひと口食べれば、ごはんと一緒に具が口の中に広がります。おにぎりの具は「おかず」で、おにぎりとお茶だけで十分おいしいお食事になるようにと思って、具には思いきりこだわります。

●漬け物や魚介類はこだわりで選ぶ

梅干しは大粒で果肉が厚く、塩分控えめのものを使います。家でも漬けていますが、使う量が多いので、厳選して取り寄せたものや、市販の練り梅も組み合わせます。

ダイコンの味噌漬けは、新潟県産の辛口のものは刻んで半ずりの黒ゴマとあえておにぎりの具に使い、群馬県産の甘口のものは、薄切りにしてお新香として使っています。

鮭は富山県から上質の塩鮭を、タラコは北海道から近海の一本釣りものを取り寄せています。

●手づくりの干物や佃煮をつくる

カマス、アジ、トビウオなどの干物は手づくりです。新鮮な魚を開いて塩水につけ、天日干しでやや薄味めに仕上げています。

シラス干しはしょうゆと混ぜてそのまま使うだけでなく、サンショウの佃煮と一緒に煮て、サンショウジャコをつくり、おにぎりに入れています。

梅干しは材料の梅から厳選して漬ける

海藻・魚介類・肉類・チーズ

料亭という商売をしているからこそ手に入る材料もあります。浜から直接仕入れるとびきり新鮮な魚介類、よりすぐった肉、手づくりで少量生産されている極上のハムやベーコン……。お店でお出しした「残りもの」の始末がてら加工して、おにぎりの具にします。

●浜から直送の魚介類

板ワカメは、私の大好きな食材です。ワカメを海苔のような形の板状に成形したものですが、軽くあぶってもむと、香ばしさと潮の香りが広がります。

商売柄欠かせないのがマグロです。刺し身用のサクを取ったあとの中落ちでつくる甘辛煮は、浜から直送してきた新鮮な材料を使っているので、とびきりのおいしさ。

イワシの味噌漬けも、刺し身で食べられるほど新鮮で脂ののったものを使っています。

●肉類やハムも品質と味を厳選

牛肉のしぐれ煮やローストビーフは、信頼できるお肉屋さんから上質の肉を仕入れ、手間を惜しまず丁寧に仕込んでいます。

ハムとベーコンは、とくに味にこだわります。ハムやベーコンを生のまま熱いごはんに混ぜ込んでおにぎりをつくるので、本当においしいものを使わないと食べられません。

いい品を手づくりしている業者さんと取引させていただけるまで粘り強く交渉していましたでは納得できる味のものを手に入れられるようになりました。

しっかりスモークが利いたハムだからこそ、生で食べられる

粋な具そろい踏み

海藻・魚介類

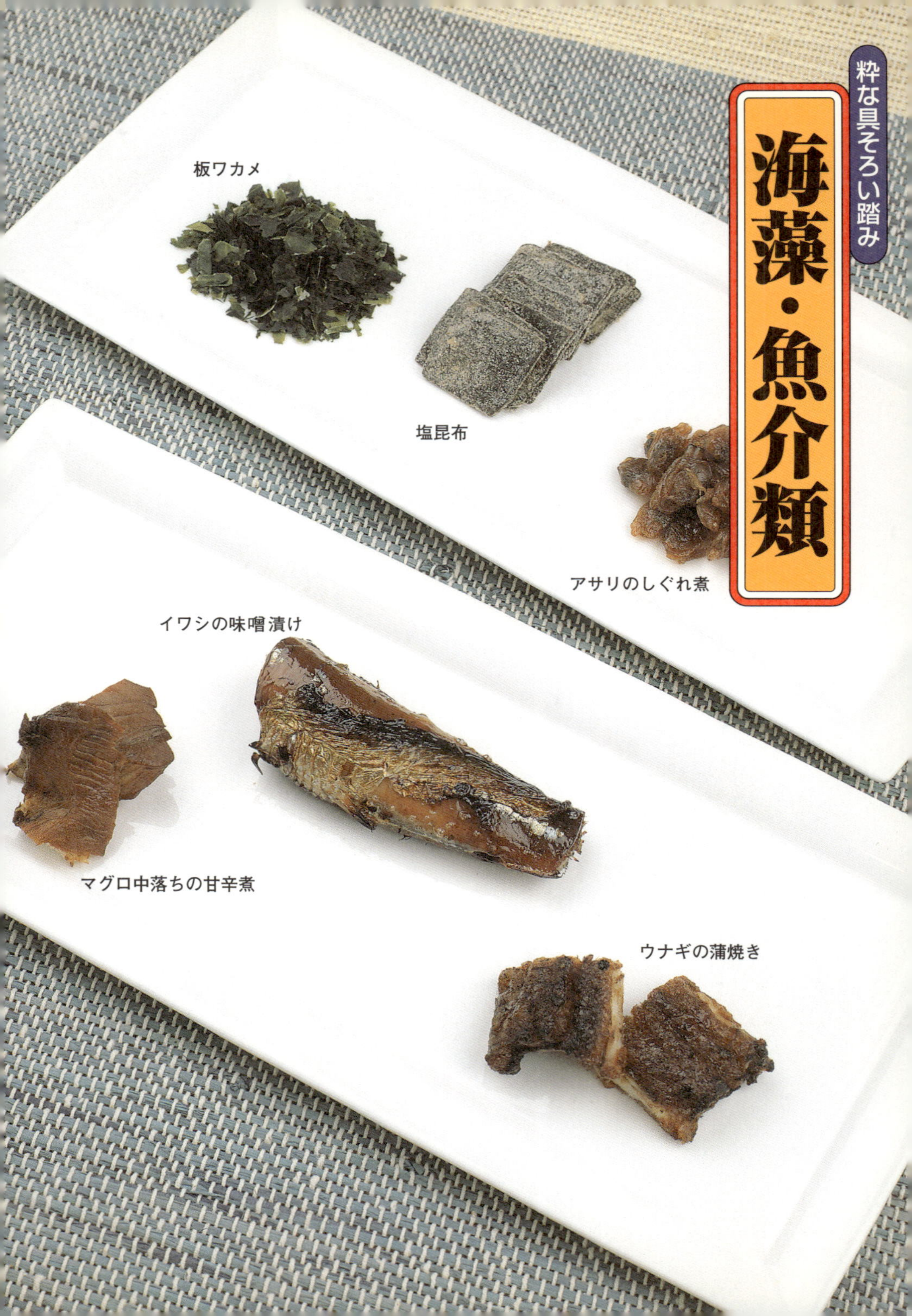

肉類・チーズ

パセリやセロリはみじん切りにしてよく水気を絞る。大葉は大きめに手でちぎって使う

粋な具そろい踏み 生野菜

数種類の具をごはんに混ぜ込んで握ることがありますが。そんなとき味に変化をつけてくれるのが野菜類。水気を絞って入れます。

●味のアクセントを演出する名脇役

ハムやベーコン、チーズなど洋風の食材を使うとき、さわやかなアクセントになるのがパセリやセロリの葉のみじん切り。細かく刻んで布巾かペーパータオルに包み、水気をしっかり絞ってサラサラにしておきます。

塩鮭によく合うのがミツバ。お茶漬けでもスタンダードな組み合わせです。

味に変化が欲しいときに便利なのが大葉（青ジソ）。梅おにぎりには必ず手で大きめにちぎった大葉を入れています。こうすると余計な水分が出ず、千切りやみじん切りにして絞るより、香りと風味がよくなります。

第２章

定番おにぎりの底力

鮭とミツバのおにぎり

梅ガツオおにぎり

おかかも白ゴマもたっぷりと

梅干しとおかかに、ほんのり隠し味のしょうゆ、白ゴマの組み合わせは絶妙のバランス。ごはんとの相性も抜群です。魚の干物を焼いて梅ガツオであえ、握ったおにぎりも、目先が変わっておいしいです。

梅おにぎり

練り梅をごはんに混ぜて握る

「元町 梅林」定番の梅おにぎりは俵形。あとでお茶漬けにして召し上がるお客様も多いので、海苔もたっぷり巻きます。

梅ガツオおにぎり

●定番おにぎりに白ゴマをプラス

梅干しとおかか（削り節）はおにぎりの定番の具。この2つをあえた「梅ガツオ」に、私は香ばしくいった白ゴマを加えます。

おにぎりに入れたり、おひたしにかけるには、血合い抜きで細かく削ったおかかが向いています。うちでは静岡県焼津市の問屋に注文してかいて（削って）もらっています。

おにぎりに入れるおかかには、しょうゆをごく少量、全体に湿り気はあるけれどもサラサラのままの状態になる程度にふりかけておきます。梅ガツオをつくるときにも、この「しょうゆまぶしのおかか」を使います。

●梅ガツオおにぎりのつくり方

[材料・1個分] ごはん茶碗1杯分、練り梅（または梅干し大1個の種を取り、裏ごししたもの）、おかかひとつまみ、しょうゆ、白ゴマ、海苔

[手塩（または塩水）加減] 普通（詳細は13頁）

[つくり方] ①おかかにしょうゆをごく少量ふりかけて混ぜておく。

②練り梅に①と白ゴマを加えてあえる。

③おにぎりを握り、中に②を入れる。

④海苔を巻き、上に梅ガツオを少々飾る。

●応用・トビウオの梅あえおにぎりのつくり方

魚と梅肉の組み合わせは意外かもしれませんが、これがよく合います。ここでは干物を焼きましたが、揚げても、魚に油分が回ってやわらかい感じでおいしくできます。

[材料・1個分] ごはん茶碗1杯分、トビウオの干物少々、梅ガツオ、海苔

[手塩（または塩水）加減] 普通（13頁）

[つくり方] ①トビウオの干物は焼いて冷まし、骨を取ってほぐし、梅ガツオであえる。

②①を中に入れておにぎりを握る。

③海苔を巻き、上にも具を少々飾る。

梅おにぎり

●「梅林」名物、女将のおにぎり

「元町　梅林」名物の梅おにぎりは、練り梅と大葉（青ジソ）、白ゴマをごはんにあえて握ります。ほんのりピンクの俵形の美しいおにぎりです。梅干しの塩味があるので、手塩はほんの少し。私はほとんど塩気を感じないくらいの塩水を手につけて握っています。

コース料理の「締め」にお出ししているのですが、お客様の大半はお持ち帰りになります。梅には殺菌作用がありますから、涼しい場所に置けば、翌日のお昼くらいまで味が変わりません。お茶漬けにして楽しまれる方も多いようです（87頁）。

多量につくるときは市販の練り梅が便利

ごはん粒をつぶさないよう、切るようにさっくり混ぜる

●梅おにぎりのつくり方

［材料・1個分］ごはん茶碗1杯分、練り梅（または梅干し大1個の種を取り、裏ごししたもの）、大葉1～2枚、白ゴマ、海苔

［手塩（または塩水）加減］ごく少なめ（13頁）

［つくり方］①大葉は手で大雑把にちぎる。

②炊きたてのごはんに練り梅、①、白ゴマを加え、ごはん粒をつぶさないよう、全体が均一なピンク色に染まるよう、さっくりと混ぜる。

③俵形に握り、帯状に海苔を巻く。

鮭おにぎり

塩鮭はざっと粗くほぐす

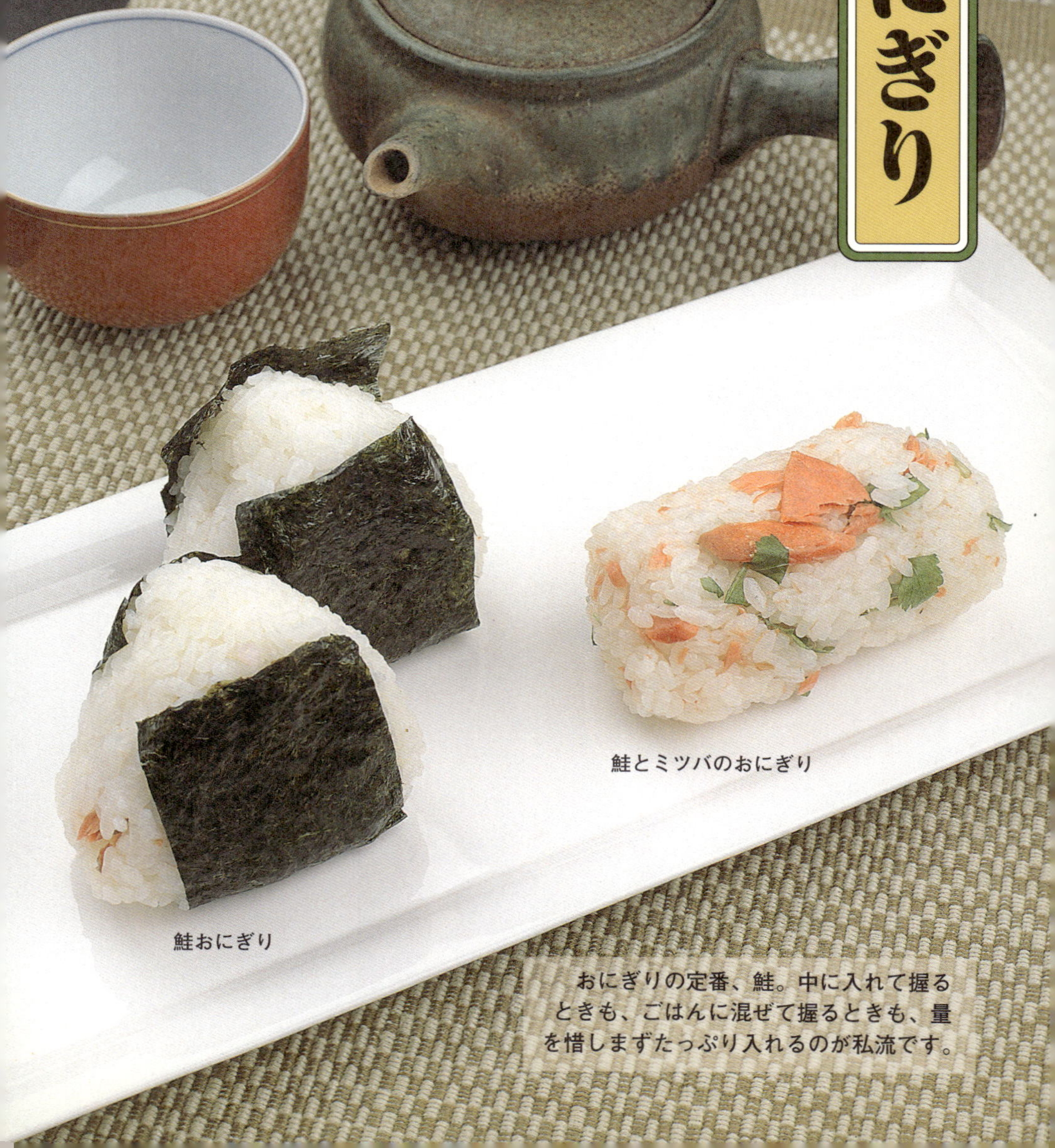

鮭とミツバのおにぎり

鮭おにぎり

おにぎりの定番、鮭。中に入れて握るときも、ごはんに混ぜて握るときも、量を惜しまずたっぷり入れるのが私流です。

タラコおにぎり

お弁当用は、中までしっかり
火を通すこと

タラコの粒がプチプチとはじけ、
ふんわりごはんと一緒に口の中に
広がっていくおいしさ。潮の香り
のはじけるおにぎりです。

鮭おにぎり

●鮭おにぎりのつくり方

私のおにぎりは具がたっぷり。普通のご家庭や一般のおにぎり屋さんのおにぎりに入っている倍、いやそれ以上にたっぷり入れているかもしれません。

どっさりと入れた具がおかずになるので、お弁当用としても、おにぎりとお茶だけで十分。ほかにおかずがいらないのです。

おにぎりはつくってから食べるまでに少し時間がたつことが多いので、中に入れる塩鮭は、少し塩気が強いもののほうが安全だし、おいしくいただけます。

塩鮭をたっぷり入れても、ごはんと一緒に食べるから、塩辛すぎるということはありません。

[材料・1個分] ごはん茶碗1杯分、塩鮭1/4切れ、海苔

[手塩（または塩水）加減] 普通（13頁）

[つくり方] ①塩鮭は焼いてほぐしておく。②おにぎりを握り、中に①を入れて、海苔で巻く。

ごはんでようやく鮭が隠れるくらい、たっぷり入れて握る

母の手のぬくもりを感じさせる。三角でも丸形でもお好みで

●応用・鮭とミツバのおにぎりのつくり方

私はよく混ぜごはんのおにぎりをつくります。単品の具を中に入れるより、味に変化が

あって楽しいと思うからです。

焼き鮭にはミツバがよく合います。ここでは鮭とミツバだけでつくりましたが、白ゴマをたっぷりと加えても、おいしいですよ。

［材料・1個分］ごはん茶碗1杯分、塩鮭1/3切れ、ミツバ少々

［手塩（または塩水）加減］普通（13頁）

［つくり方］①塩鮭は焼いてほぐしておく。

②ミツバは4㎝長さくらいに切る。

③ごはんをボウルに取り、①②を加えてさっくり混ぜる。

④③のごはんでおにぎりを握る。

タラコおにぎり

●おにぎり用には甘塩タラコ

おにぎりはシンプルな料理なので、材料が命。タラコおにぎりのおいしさは、タラコの味が決め手になりますから、うちではタラコは、北海道から取り寄せた、近海の一本釣りものを使っています。

釣ってすぐに腹をさいて塩漬けにしてあるから、新鮮そのもの。甘塩ですが、焼くと水分が抜けてけっこうしょっぱくなり、おにぎりに入れるのにちょうどいいくらいです。

いいタラコは、ふっくら太って表面にツヤがあり、切ってみると、中の粒はパラリとしています。最近はデパートの鮮魚コーナーなどにも、なかなかいいものが出回っているようですよ。

●タラコおにぎりのつくり方

［材料・1個分］ごはん茶碗1杯分、タラコ、海苔

［手塩（または塩水）加減］普通（13頁）

［つくり方］①タラコは保存ができるように中までしっかり火が通るように焼き、大きめに切っておく。

②おにぎりを握り、中に①を入れて海苔を巻く。

おかかおにぎり

ごく少量のしょうゆをふりかけたおかか

おかかにはおしょうゆ。手水と塩の代わりにおしょうゆを使って握った「しょうゆにぎり」。ほんのりしょうゆをふりかけたおかかをたっぷりまぶします。

昆布おにぎり

厚手の昆布を薄い板状に削った板昆布

塩昆布おにぎり

とろろ昆布おにぎり

板昆布おにぎり

昆布のおにぎりはバリエーションがいっぱい。細く切った塩昆布を混ぜたごはんで握るおにぎりと、昆布を薄く削った板昆布やとろろ昆布で巻くおにぎりをご紹介しましょう。

おかかおにぎり

●おかかにかけるしょうゆはごく少量

おかかとしょうゆ、海苔……家庭の台所にいつでもある材料ですが、これが抜群にごはんに合います。

おにぎりは普通は塩や味噌で握りますが、おかかにはしょうゆがよく合うので、手水の代わりにしょうゆを使った「しょうゆ握り」にするとおいしくできます。おこげごはんを握るときも、しょうゆ握りがおすすめです。

梅ガツオの項でもご紹介しましたが、おにぎりの具に使うおかかは、血合い抜きの細削り。ごく少量のしょうゆをふりかけて混ぜておきます。全体が湿り気を帯びるけれど、おかかはサラッとしていてビチョビチョしない状態にするのがポイント。

たっぷりしょうゆを使っておかかを濡らしてしまったのでは、しょっぱすぎて、おかか本来のおいしさが味わえません。

おかかおにぎりに限らず、他の材料と混ぜたりしておにぎりに使うおかかは全部、このようにほんの少ししょうゆをふりかけてから使うのが、おいしさのコツです。

●おかかおにぎりのつくり方

[材料・1個分] ごはん茶碗1杯分、おかか、しょうゆ、海苔

[つくり方] ①おかかにごく少量のしょうゆをまんべんなくふりかけ、よく混ぜておく。

②手水の代わりに手に少量のしょうゆをつけ、おにぎりを握る。

③②のおかかをまぶし、好みで海苔を巻く。

ほんのり湿る程度で、濡らさないこと

昆布おにぎり三種

●昆布が持つ旨みを楽しむ

昆布のおにぎりといえば、佃煮を使う方が多いようですが、私は昆布自体の旨みが味わえる塩昆布が好きです。

塩昆布おにぎり、とろろ昆布おにぎりはシンプルな塩むすびにしますが、もちろん中に好みの具を詰めてもかまいません。

●塩昆布おにぎりのつくり方

塩昆布はおにぎりの中に詰めるより、ごはん全体に混ぜたほうが、昆布の味がごはんに行き渡り、ほんのり甘みが出ておいしくなります。これもしょうゆ握りがおすすめ。

[材料・1個分] ごはん茶碗1杯分、塩昆布5～6枚、しょうゆ

[つくり方] ①塩昆布はハサミで細く切る。②ボウルにごはんを取り、①を加えてまんべんなく混ぜる。③手水の代わりに少量のしょうゆを手につけ、②のごはんを握る。

●板昆布・とろろ昆布おにぎりのつくり方

[材料・1個分] ごはん茶碗1杯分、板昆布（またはとろろ昆布）

[手塩（または塩水）加減] 普通（13頁）

[つくり方] ①塩むすびをつくる。②①を板昆布（またはとろろ昆布）で巻く。

塩昆布の塩加減により分量は調節を

アサリしぐれ煮おにぎり

甘辛くふっくら煮つけたアサリをたっぷり入れて。海苔の形もいろいろ遊んでみましょう。

牛しぐれ煮おにぎり

高校生の孫やその友達にいちばん人気のあるおにぎりがこれ。牛肉は手でちぎれるくらいまで、やわらかく丁寧に煮込んであります。

アサリしぐれ煮おにぎり

●甘い味つけの具には濃いめの塩

佃煮もおにぎりの具の定番です。甘辛い味つけはごはんに合いますが、手塩の加減ひとつで味が違ってくるから不思議です。

佃煮など、みりんや砂糖で甘めに味つけした具をおにぎりにするときは、手塩（または塩水）の塩加減を濃いめにしたほうが、ぴったり味が決まります。

塩味が薄いと、味がぼけてしまってなんだかおいしくありません。

手塩なら、親指、人さし指、中指の3本指で3つまみくらい、塩水なら海水くらいの塩加減が、1個分の目安です。

●アサリしぐれ煮おにぎりのつくり方

［材料・1個分］ごはん茶碗1杯分、アサリのしぐれ煮（市販）、海苔

［手塩（または塩水）加減］濃いめ（13頁）

［つくり方］①おにぎりを握り、アサリのしぐれ煮を中に詰める。

②好みの形に海苔を切ってのせる。海苔を巻いてもよい。

甘すぎずすっきりした味つけが
ごはんに合う

牛しぐれ煮おにぎり

●煮込み牛肉を使った絶品

いい肉を手間を惜しまず丁寧な仕事で煮込んだ牛しぐれ煮のおにぎりは、ボリュームた

っぷり。これも塩加減は濃いめが合います。

牛肉のしぐれ煮だけで握ってもよいですが、半ずりの黒ゴマに辛口のダイコン味噌漬けのみじん切りを混ぜたものがよく合います。

●手づくりの牛しぐれ煮をつくる

[材料] 牛塊肉、ショウガ、だし（水でもよい）、しょうゆ、みりん、赤酒（熊本産の甘口のみりん。なければみりんで代用を）
＊牛肉は好みの分量を用意。調味料はしょうゆ100ccに対して、みりん・赤酒各50cc、だし（水）は三倍量の600ccが目安。
[つくり方] ①牛肉は5㎜厚さに切る。ショウガ適宜は薄切りにする。
②鍋にだし（水）、しょうゆ、みりん、赤酒、ショウガを入れて火にかけ、煮立たないうちに肉を1枚ずつそっと重ねて入れ、1時間煮て火を止め、一晩置いておく。
③冷えて固まった脂を丁寧に取り除き、再び火にかけて4～5時間じっくり煮込む。

●牛しぐれ煮おにぎりのつくり方

[材料・1個分] ごはん茶碗1杯分、牛しぐれ煮、黒ゴマ、ダイコンの味噌漬け、海苔
[手塩（または塩水）加減] 濃いめ（13頁）
[つくり方] ①牛しぐれ煮は手でほぐす。
②黒ゴマはいって半ずりにし、みじん切りにしたダイコン味噌漬けを混ぜる。
③おにぎりを握り、①をたっぷり、中に詰める。
④海苔で巻くか、②をまぶす。

冷えて脂が固まらないよう
完全に脂を取り除く

シラスおにぎり

シラスはそのままだとなんとなくごはんになじまないので、いったんしょうゆをかけて絞っておにぎりにします。ごはんと混ぜても、中に詰めて握ってもおいしいですよ。

真っ白でふっくらしたものが良品

サンショウジャコおにぎり

大鍋でサンショウジャコを煮る

酒だけで煮て、サンショウの佃煮で味つけした手づくりのサンショウジャコは、ベタベタした甘さがなく、さっぱりしています。ごはんにたっぷり混ぜ込んで握りました。

シラスおにぎり

●シラスの風味を楽しむ

シラスはほんの少ししょうゆ風味を加えると、ごはんによくなじみます。

●シラスおにぎりのつくり方

[材料・1個分] ごはん茶碗1杯分、シラス、しょうゆ、海苔（または黒ゴマ）

[手塩（または塩水）加減] 普通〜やや濃いめ（13頁）

[つくり方⑴] ①シラスは、しょうゆを少し多めにかけ、よく混ぜてから絞って余分なしょうゆを落としておく。

②ごはんをボウルに取り、①を混ぜる。

③②でおにぎりを握り、海苔を巻く。

[つくり方⑵] ①シラスは⑴同様、しょうゆをかけて絞る。

②おにぎりを握り、中に①を詰めて、海苔を巻くかゴマをまぶし、①のシラスをのせる。

サンショウジャコおにぎり

●さっぱりした味わいが魅力

チリメンジャコを酒だけで一日コトコト煮ると、真っ白だったジャコが、不思議なことに茶色に変わります。そこに市販のサンショウの佃煮を加えてもうひと煮した、手づくりのサンショウジャコの味は絶品です。

●サンショウジャコおにぎりのつくり方

[材料・1個分] ごはん茶碗1杯分、サンショウジャコ、海苔、好みで大葉

[手塩（または塩水）加減] 普通（13頁）

[つくり方] ①ごはんをボウルに取り、サンショウジャコを入れて混ぜる。好みで大きめにちぎった大葉を加えてもよい。

②①のごはんでおにぎりを握り、好みで海苔も巻く。

第３章

絶品おにぎりの競演

豚肉とゴボウの炊き込みごはんおにぎり

甘さ抑えめのさっぱり味に仕上げた
甘辛煮

マグロ中落ち甘辛煮おにぎり

新鮮そのもののマグロの中落ちでつくった甘辛煮は、市販の佃煮とはひと味違ったおいしさ。中に詰めても、塩にぎりやしょうゆにぎりにまぶしても、また中に詰め外側にもまぶしてダブルにしても美味です。

ウナギ蒲焼きおにぎり

ほんの一切れのウナギの蒲焼きをおいしく食べる方法。
ウナ丼用に買った串がひと串残ってしまったときなどにもおすすめです。

具はたっぷりと詰める

マグロ中落ち甘辛煮おにぎり

●新鮮なマグロを煮つけた逸品

「元町 梅林」のコース料理のメインは、新鮮な魚介の刺し身。材料は浜から直送ですから、当然ながらマグロは丸ごと届きます。マグロの刺し身を取ったあとに残った鮮度のよい中落ちを煮つけて、おにぎりに使います。甘みを抑えてさっぱり味に煮てあるといっても、甘辛煮なので、手塩（または塩水）加減は濃いめにして、しっかり味をつけます。

●マグロの中落ち甘辛煮のつくり方

新鮮な材料なので生から煮ますが、家庭で手に入る材料でつくる場合は、中落ちを一度ゆでこぼしてから煮たほうがいいと思います。

[材料] マグロの中落ち、だし（水でもよい）、しょうゆ、みりん、赤酒（熊本産の甘口のみりん。なければみりんで代用）

＊だし3、しょうゆ1、みりん1、赤酒1の割合が目安。

[つくり方] ①マグロ中落ちは、ブツ切りに。②鍋にだしや調味料を入れて火にかける。③煮立ったら中落ちを入れ、アクを取りながら中火の弱火で1時間ほど煮て一日寝かせる。翌日、煮汁を足して（味が濃ければ水を）、さらに1時間コトコト煮て一日寝かせれば、味が十分にしみてプロ級の仕上がりに。

●マグロ中落ち甘辛煮おにぎりのつくり方

[材料・1個分] ごはん茶碗1杯分、マグロ

たっぷりの煮汁でコトコト煮込む

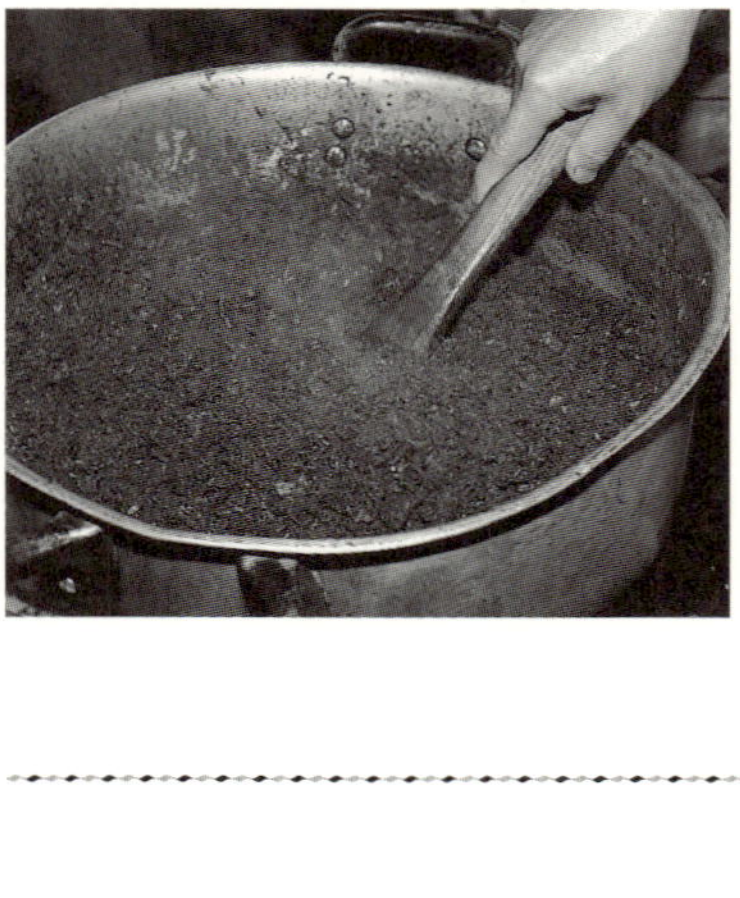

中落ち甘辛煮、海苔

［手塩（または塩水）加減］濃いめ（13頁）

［つくり方］①マグロの甘辛煮は、手で細かくほぐしておく。

②おにぎりを握り、中に①を詰める。

③海苔を巻く、または表面に①をまぶす。

ウナギ蒲焼きおにぎり

●店に出せないしっぽを握る

たっぷり脂ののった蒲焼きは、しょうゆにぎりにすると、ボリュームがありながらさっぱりした、粋な味になります。

うちはコース料理で「ウナギの笹巻き」をお出ししているので、三河産の直どりのウナギを取り寄せ、飴を加えずしょうゆとみりんだけのタレで蒲焼きをつくっています。

私はこの蒲焼きのしっぽでおにぎりを握るのですが、家庭では市販の蒲焼きを利用なさるのが実用的でしょう。

●ウナギ蒲焼きおにぎりのつくり方

［材料・1個分］ごはん茶碗1杯分、ウナギの蒲焼き、しょうゆ、海苔

［つくり方］①ウナギの蒲焼きは食べやすい大きさに切る。

②手に少量のしょうゆをつけて、しょうゆにぎりを握り、中に①を詰める。

③好みで海苔を巻きウナギの蒲焼きを飾る。

具は食べやすい一口大に

イワシ味噌漬けとショウガのおにぎり

ごはんに混ぜるときの
ショウガはみじん切り

刺し身で食べられるくらい新鮮なイワシでつくった味噌漬けを焼き、ショウガの風味を加えておにぎりにしました。

明太子はやや辛口を使う

明太子おにぎり

朝食に夜食に、家で食べるおにぎりにおすすめなのが、生の明太子。口に入れるとハラリとほどけ、ごはんと明太子が混じり合うよう、ふんわり握ってください。

イワシ味噌漬けとショウガのおにぎり

●イワシとショウガのハーモニー

ごはんに焼き魚は和食定番の組み合わせ。おにぎりに合わないはずはありません。脂ののった新鮮なイワシの味噌漬けとショウガの組み合わせは絶品です。

ショウガは水分と歯触りの関係で、ごはんに混ぜ込むときにはみじん切り、おにぎりの中に詰めるときにはおろしショウガにします。

●イワシの味噌漬けのつくり方

[材料] イワシ、塩、老酒、味噌、みりん

＊味噌床の味噌とみりんの分量は1対1の割合を目安に。味噌の塩加減に応じて好みの味に調整を。

[つくり方] ①イワシは塩をして一晩置く。

②①のイワシの頭を取り、カニ用スプーンなどで内臓をかき出すように取って老酒で洗う。

③味噌をみりんでのばし味噌床をつくり、②のイワシを漬け込む。一晩おけば食べられる。

●イワシ味噌漬けとショウガのおにぎりのつくり方

[材料・1個分] ごはん茶碗1杯分、イワシの味噌漬け、ショウガ、海苔

[手塩（または塩水）加減] 濃いめ（13頁）

[つくり方(1)] ①イワシは、軽く洗って味噌を落とし、グリルで焼く。冷まして骨を取り、身を粗くほぐしておく。

②ショウガは細かいみじん切りにする。

③ボウルにごはんを取って①②を加え、さ

焦げやすいので焼き方に注意

っくりとごはん粒がつぶれないよう混ぜる。

④③のごはんでおにぎりを握る。さらに①の味噌漬けをトッピングするとよい。

［つくり方⑵］①イワシを焼いてほぐす。

②ショウガをすりおろし、水気をよく絞って①と混ぜ合わせておく。

③手塩（または塩水）を濃いめでおにぎりを握り、中に②を詰める。好みで海苔を巻く。

明太子おにぎり

●やわらかめに握るのがコツ

ぴりりと辛みのきいた明太子も、おにぎりの具として捨てがたいもの。生で食べたいのですが、日もちがしないので、行楽などに持って歩くには不向き。つくってすぐに食べるようにしましょう。

生の明太子はやわらかく、強く握るとつぶれてしまいます。お寿司と同じように「握ってはあるけれど、口に入れたらハラリとごはんがほぐれる」くらいが理想。握り具合を加減してください。

●明太子おにぎりのつくり方

［材料・1個分］ごはん茶碗1杯分、明太子1/4腹（1本の半分）、海苔

［手塩（または塩水）加減］普通（13頁）

［つくり方］①明太子は食べやすい大きさに切る。

②おにぎりを握って①の明太子を入れ、好みで海苔を巻く。

皮が邪魔にならないよう
一口大に切る

カマスと板ワカメのおにぎり

細かくもみほぐした板ワカメ

いろいろなおにぎりのバリエーションのなかでも「とくにおいしい」と自信を持っておすすめできるのがこれ。板ワカメがおいしいのですが、なければもみ海苔を使ってください。

アジ干物のおにぎり

香ばしく焼いたアジに、ほんのりショウガの隠し味。朝食にもお弁当にもおいしいおにぎりです

甘塩の干物のほうか美味

アジ干物のショウガごはんにぎり

アジ干物のおにぎり

カマスと板ワカメのおにぎり

●材料の干物は全部手づくり

魚の干物とごはんという、日本の朝食の定番の組み合わせが、おにぎりにできないはずがありません。香ばしい板ワカメと組み合わせた、私の大好きなおにぎりです。

私の握るおにぎりの具の干物は、全部手づくりです。浜直送のとびきり新鮮なカマスやアジが手に入りますから、それを開いて、海水より少し濃いめの塩水に六～一〇時間（魚の大きさによって加減を）漬け、天日に当てて干しています。

家庭では市販の干物を利用してもかまわないとは思いますが、天日干しは市販の機械乾燥とひと味違いますので、機会があったらお試しくだされればと思います。少量なら、ザルや洗濯物用の小型物干しで十分干せますすよ。

●カマスと板ワカメのおにぎりのつくり方

［材料・1個分］ ごはん茶碗1杯分、カマスの干物、板ワカメ、海苔

［手塩（または塩水）加減］ 普通（13頁）

［つくり方］ ①カマスの干物を焼き、骨と皮を除いて、手で粗くほぐしておく。

②板ワカメは軽く火であぶり、手で細かくもみほぐす。

③ボウルにごはんを取り、①②を加えて、ごはん粒がつぶれないようさっくりと混ぜる。

④③のごはんでおにぎりを握り、好みで海苔を巻く。

ふくよかな磯の香りがする
板ワカメ

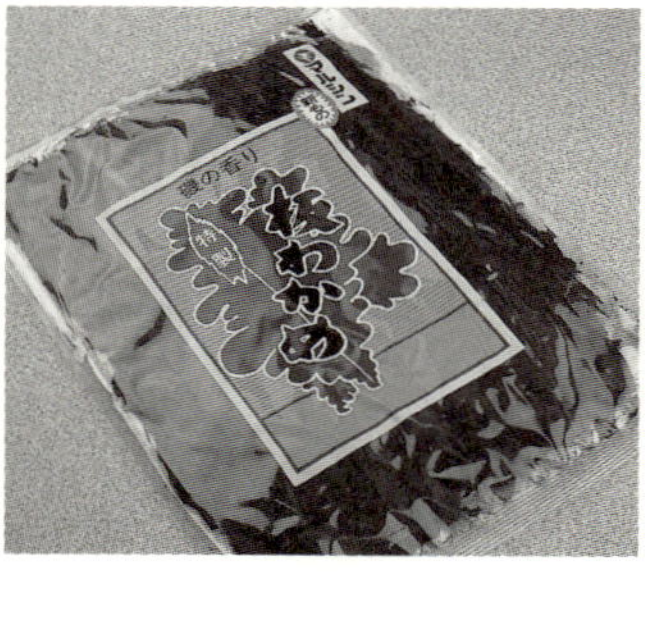

アジ干物のおにぎり

●アジ干物のおにぎりのつくり方

アジの干物にはショウガじょうゆがよく合います。しょうゆ風味が生きたおにぎりです。

［材料・1個分］ごはん茶碗1杯分、アジの干物、ショウガ、しょうゆ、海苔

［つくり方］①アジの干物を焼き、骨と皮を除いて、手で粗くほぐしておく。

②ショウガはすりおろし、軽く絞ってしょうゆ少々と混ぜ、①をあえる。

③手塩（塩水）の代わりにしょうゆ少々を手につけ、おにぎりを握って中に②を詰める。

④好みで海苔を巻く。

●応用・アジ干物のショウガごはんにぎり

アジ干物おにぎりの応用編として、ショウガごはんと合わせてみました。

［材料・1個分］ごはん茶碗1杯分、アジの干物、ショウガ、しょうゆ、海苔

［つくり方］①アジの干物を焼いてほぐし、しょうゆ少々をふって混ぜておく。

②ショウガは細かいみじん切りにする。

③ボウルにごはんを取り、②を混ぜる。

④手塩（塩水）の代わりにしょうゆ少々を手につけ、③のごはんでしょうゆにぎりをつくり、①を中に詰める。

⑤好みで海苔を巻いたり、具をトッピングしてもよい。

ごはんでようやく具が包めるくらい、たっぷりに詰める

キャラブキ佃煮のおにぎり

キャラブキの佃煮

細くて繊細な歯触りのキャラブキの佃煮も、おにぎりによく合います。ほろ苦くてあっさりしていて、どちらかというと大人好みの味です。

黒ゴマと味噌漬けのおにぎり

半ずりの黒ゴマと、辛口のダイコンの味噌漬けのみじん切りを合わせてごはんに混ぜ、おにぎりにしました。風味がよくて歯触りも面白い、絶妙の組み合わせです。

ダイコンの味噌漬けは辛めを使う

キャラブキ佃煮のおにぎり

●季節もののキャラブキを生かす

フキは季節ものなので貴重品。「爆弾おにぎり」（74～77頁参照）の具が8～9品、というのは、キャラブキが入手できるときにだけキャラブキの佃煮を入れるからです。

佃煮は、生のキャラブキが手に入るときには自分で煮ます。米のとぎ汁に一晩つけてから炊くのがコツ。

生のキャラブキが手に入らないときは、福島県の農家が採ったその日のうちに瓶詰めにして出荷しているものを煮ることもあります。

●キャラブキの佃煮のつくり方

[材料] キャラブキ、だし、しょうゆ、酒、みりん

[つくり方] ①キャラブキは3㎝長さに切って、米のとぎ汁に一晩つけておき、よく洗う。

②鍋にだし、しょうゆ、酒とみりん少々を好みの加減で入れ、あまり辛くない味つけにして、①を入れて火にかける。煮立つまでは強火、あとは火を弱めて、汁気がなくなるまで煮含める。

●キャラブキ佃煮のおにぎりのつくり方

[材料・1個分] ごはん茶碗1杯分、キャラブキの佃煮、海苔

[手塩（または塩水）加減] 普通（13頁）

[つくり方] ①キャラブキの佃煮は2㎝長さに切る。

②おにぎりを握り、中に①を詰める。

③好みで海苔を巻く。または上にキャラブキを飾る。

フキは短く切ったほうが握りやすい

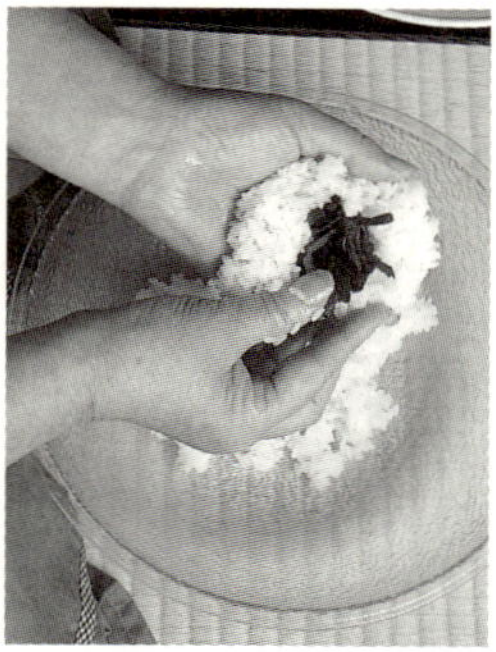

黒ゴマと味噌漬けのおにぎり

●辛口をおにぎりに使う

　ダイコンの味噌漬けっておいしいですね。私は新潟県産の辛口のものは刻んでゴマと混ぜておにぎりに、群馬県産の甘口のものはそのままお新香として使う、というように味によって使い分けています。

●黒ゴマと味噌漬けのおにぎりのつくり方

[材料・1個分] ごはん茶碗1杯分、黒ゴマ、ダイコンの味噌漬け（辛口）、海苔

[手塩（または塩水）加減] 普通（13頁）

[つくり方] ①黒ゴマはいって半ずりに。②ダイコンの味噌漬けは細かいみじん切りにする。③①②を合わせてごはんに混ぜ、おにぎりを握る。④好みで海苔を巻く。

左が群馬の甘口、右が新潟の辛口

●牛しぐれ煮と合わせても美味

　半ずりの黒ゴマとダイコン味噌漬けのみじん切りを合わせたものは、牛しぐれ煮（41頁参照）ととてもよく合います。「爆弾おにぎり」（74〜77頁参照）の8〜9品の具の中にも入っているのですが、私は必ずこの2つを隣り合わせになるよう入れています。

　蒸したサトイモをこの「ゴマ&味噌漬け」の上に転がし、まぶして食べてもおいしいですよ。

シバ漬けおにぎり

野沢菜漬けおにぎり

私は漬け物も刻んで、具としておにぎりに入れてしまいます。水気が少なく、刻んでもおいしい野沢菜漬けやシバ漬けは、おにぎりにぴったりです。

おかかごはんの高菜漬け巻き

おかかごはんでおにぎりを握り、高菜漬けの葉で巻きました。シャキシャキした高菜の歯触りと、ほんのりおしょうゆで風味づけしたおかかの香りのハーモニーが楽しめます。

葉先のやわらかい部分で包む

野沢菜漬けおにぎり

●野沢菜漬けの味わいを楽しむ

漬け物は、刻んでぎゅっと水分を絞ってからおにぎりに入れます。ここでは具として中に詰めましたが、しょうゆをまぶしたおかかや白ゴマと一緒にごはんに混ぜて握ってもいいでしょう。

ひと工夫するなら、野沢菜漬けは油と合うので、刻んで水気を絞ってから油でさっと炒め、キンピラ風にしょうゆとみりんで少し味をつけます。ショウガの千切りと混ぜてもおいしいです。

●野沢菜漬けおにぎりのつくり方

[材料・1個分] ごはん茶碗1杯分、野沢菜漬け、海苔

[手塩（または塩水）加減] 普通（13頁）

[つくり方] ①野沢菜漬けは刻んで絞る。②おにぎりを握り、①を中に詰めて、好みで海苔を巻く。具をトッピングしても楽しい。

シバ漬けおにぎり

●シバ漬けおにぎりのつくり方

[材料・1個分] ごはん茶碗1杯分、シバ漬け、海苔

[手塩（または塩水）加減] 普通（13頁）

[つくり方] ①シバ漬けはざっと刻み、ぎゅっと水気を絞る。

②おにぎりを握り、①を中に詰めて、好みで海苔を巻く。具をトッピングしてもよい。

おかかごはんの高菜漬け巻き

●おかかごはんはしょうゆにぎりで

高菜漬けも、野沢菜漬け同様に刻んで具に

してもいいのですが、葉を利用して、おにぎりを包んでみました。

おにぎりのごはんにはたっぷりのおかかを入れ、おかかとの相性を考えて、しょうゆにぎりにしてあります。

半分くらいに切って葉先のほうを使う

●おかかごはんの高菜漬け巻きのつくり方

［材料・1個分］ごはん茶碗1杯分、高菜漬け1枚（葉先だけ使う）、おかか、しょうゆ

［つくり方］

①高菜は全体の半分くらいのところで切り、葉先のほうを使う。茎の厚みのある部分を包丁でそいで厚みを均一にし、よく水気を絞る。

②おかかにごく少量のしょうゆをふりかけて湿らせ、ごはんにたっぷりと混ぜ込む（いった白ゴマを一緒に混ぜてもおいしい）。

③手塩（塩水）の代わりに、しょうゆ少々を手につけ、②のごはんを握り①の高菜で巻く。

●応用・高菜炒めおにぎりのつくり方

［材料・1個分］ごはん茶碗1杯分、高菜漬け1枚、ショウガ

［手塩（または塩水）加減］普通（13頁）

［つくり方］①高菜は全体の半分くらいのところで切る。葉先のほうは茎の厚みをそいで絞る。

②根元のほうは、そいだ茎と一緒に細かく刻み、水気をよく絞っておく。

③ショウガをみじん切りにして油で炒め、香りが出てきたら②を加えてさっと炒める。しょうゆとみりん少々で味つけし、冷ましてから水分を絞る。

④おにぎりを握り、中に③を詰めて①の葉で包む。

切り干しダイコンおにぎり

切り干しダイコンの炒め煮

汁気の少ない煮物は、おにぎりの具になります。切り干しダイコンの煮物の汁気をぎゅっと絞り、おにぎりの中に詰めたり外側にまぶしたりして、楽しいおにぎりをつくってみました。

キンピラおにぎり

だしで油を洗ってさっぱり味に仕上げたキンピラゴボウで握ったおにぎりは、どこか懐かしい味。牛肉やハムなどコクとボリュームのあるおにぎりの中に、これが１つ入っていると、ホッとします。

おにぎり用のキンピラ

切り干しダイコンおにぎり

●切り干しはもみ洗いしながらもどす

ごはんと合うおかずで、汁気の少ないものは、おにぎりにしてもおいしいもの。煮物では、切り干しなどが最適です。

うちの切り干しは、でき上がりが細いので、特別なものと思われるようですが、実はごく普通の太さのもの。水につけてもどすのではなく「もみ洗い」してもどすのですが、何度ももむうちに、細くなるようです。

また私は、そのまま食べる切り干しは薄口しょうゆ、おにぎり用は濃口しょうゆと、少し味つけを変えています。

おにぎりにはしっかりした味つけの具が合うからです。けれどもご家庭では、前夜の切り干しの残りを活用してくださってかまいません。

●切り干しダイコンの炒め煮のつくり方

[材料・1個分] 切り干しダイコン、おかか、サラダ油またはゴマ油、だし、しょうゆ（通常は薄口、おにぎり用は濃口）、酒、白ゴマ

[つくり方] ①切り干しをボウルに入れ、水を注いで軽く絞り、もみ洗いする。三回ほど繰り返し、水が透き通るまで洗う。

②泡がたくさん出てくるので、ザルにあげて水ですすぎ、もう一度同じようにもみ洗いする。流水でよく洗ってザルにあげ、しっかりと水気を絞る。

③鍋に油少々を入れて火にかけ、②を入れてほぐしながら煙が出るくらいまで炒める。

④だし、しょうゆ、酒を好みの加減で加え、おかかもたっぷり入れて、汁気がなくなるまで煮る。冷めたら、白ゴマを入れてあえる。

●切り干しおにぎりのつくり方

[材料・小にぎり8個分] ごはん茶碗3杯分、切り干しの炒め煮、白ゴマ、板ワカメ

[手塩（または塩水）加減] 普通（13頁）

［つくり方］①切り干しはよく絞っておく。②小にぎりを8個握る。半分（4個）は塩にぎりにし、残りには中に①を詰める。③塩にぎりの外側に①をまぶし、中に具の入ったものには、白ゴマや板ワカメ（火であぶり、手でもんで細かくする）をふる。

キンピラおにぎり

●油を洗い流しながら煮る

キンピラはそのままだと油が多すぎて、おにぎりには不向き。けれども、油をだしで洗い流してさっぱり煮てから握ると、とてもおいしいおにぎりができます。

手塩（または塩水）はキンピラの味によって加減してください。甘みが少なく薄味でさっぱりつくったキンピラなら普通の塩加減、甘辛くつくったキンピラなら濃いめです。

●おにぎり用キンピラゴボウのつくり方

［材料・1個分］ゴボウ、サラダ油またはゴマ油、だし、濃口しょうゆ、みりん

［つくり方］①ゴボウは薄く短いささがきにして、水でさらす。

②鍋に油少々を入れて火にかけ、水気を切った①を炒める。

③油が回りゴボウに透明感が出てきたら、だし少量を入れてざっと鍋全体を混ぜ、手早くザルにあげて水気を切る。

④鍋にゴボウを戻して再び火にかけ、しょうゆとみりん少量ずつで好みの加減に味つけし、汁がなくなるまでいりつける。

●キンピラおにぎりのつくり方

［材料・1個分］ごはん茶碗1杯分、おにぎり用キンピラゴボウ、海苔

［手塩（または塩水）加減］普通〜濃いめ（13頁）

［つくり方］①キンピラは水気を絞っておく。②おにぎりを握り、中に①を詰めて、好みで海苔を巻く。具をトッピングしてもよい。

赤飯おにぎり

お赤飯には断然、黒ゴマ。昔からある組み合わせはあなどれません。シンプルだからこそ、おいしくできるのです。

豚ゴボウ炊き込みごはんのおにぎり

豚肉入りでボリュームたっぷりの炊き込みごはんを炊いて、おにぎりにしました。米とぎの最後にだしで洗うのが、おいしさの秘訣です。

炊き込みごはんの
炊きあがり

赤飯おにぎり

●赤飯おにぎりのつくり方

もちもちっとした食感で、腹もちのいいおにぎりです。赤飯は家庭で炊いてもいいですが、お餅屋さんなどで求めれば簡単です。

［材料・1個分］ 赤飯茶碗1杯分、黒ゴマ

［手塩（または塩水）加減］ 普通（13頁）

［つくり方］ ①赤飯でおにぎりを握る。

②表面に黒ゴマを散らす。

豚ゴボウ炊き込みごはんのおにぎり

●豚ゴボウ炊き込みおにぎりのつくり方

お釜で炊いたごはんのおいしさは格別。ごはん家庭では土鍋を使うとおいしく炊けます。

［材料］ 米、豚赤身肉、ゴボウ、ニンジン、干しシイタケ、サヤインゲン、カツオだし、薄口しょうゆ、みりん、酒、海苔

＊具は好みで適宜用意。味つけは、酒、しょうゆをやや多めに、みりんはごく少量で。

［手塩（または塩水）加減］ 普通（13頁）

［つくり方］ ①米をとぎ、最後にカツオだしでさっと洗ってザルにあげて30分置く。

②干しシイタケは水につけてもどし、千切りにする。ゴボウはささがきにして水でさらす。豚肉は細切りにする。

③ニンジンは薄いイチョウ切りにする。

④インゲンはゆでて短めに切っておく。

⑤鍋にだしとシイタケのもどし汁、②を入れて煮て、薄口しょうゆとみりんで味つけ。冷ましてザルにあげ、具と汁を分ける。

⑥釜か土鍋に①の米を入れ、だしと⑤の煮汁と酒を入れてごはんを炊く。途中で③の具を米の上にのせて炊き上げ、火を止める直前に④も入れ、フタをしてよく蒸らす。

⑦具を均一に混ぜ、おにぎりを握る。

第４章

傑作おにぎりの変幻自在

しょうゆ焼きおにぎり

爆弾おにぎり

どんぶりの中でだいたいの形をつくる

腰を入れ、手首のスナップを利かせて握る

具を埋めたら、上から山盛りにごはんをのせる

巨大な砲丸のようなおにぎりは、なんとごはん3合分。8種類の具がたっぷり入って、4～5人でなければ食べきれないほどのボリューム。キャラブキの季節にはこれを加え、具は9種類になる。

切ってくれたのは「元町 梅林」若主人の平尾国男。

爆弾おにぎり

●必ず「手塩」で握る

私の遊び心から生まれたおにぎりですが、ひょんなことからマスコミに紹介されて評判になり、お客様からせがまれてお出しするようになった「元町 梅林」の名物です。

普通のおにぎりでは塩水を使うことが多いのですが、爆弾おにぎりだけは絶対に手塩でつくります。塩でないとおにぎりがうまく締まりません。最初は球形だったのですが、食べやすさを考え、現在の少し扁平な砲丸状にしました。

●爆弾おにぎりのつくり方

［材料・1個分］ごはん3合、梅干し、鮭、焼きタラコ、トビウオの干物（焼いてほぐし、練り梅と白ゴマであえる）、おかか（しょうゆ少々をふりかけて混ぜる）、サンショウジャコ（44頁参照）、半ずりの黒ゴマとダイコン味噌漬けのみじん切りを混ぜたもの（61頁参照）、牛しぐれ煮（41頁参照）、海苔2枚、用意できればキャラブキの佃煮（60頁参照）

［手塩（または塩水）加減］濃いめ（13頁）

［つくり方］①平たいどんぶりに、すり切りくらいにごはんを盛る。

②真ん中に梅干しを埋め、そのまわりにも具を埋め込む。相性のいい牛しぐれ煮と黒ゴマは必ず隣り合わせになるよう配置する。

③具の上に、下のごはんとほぼ同じくらいのごはんを山盛りに盛る。しゃもじで軽く押して、だいたい丸くなるよう形づくる。

④手水はごく少なめ、手塩はたっぷりめにつける。手首のスナップを利かせてどんぶりを手で回しながら、さらに形を整える。

⑤腰を入れ、手首を利かせておにぎりを空中に放り投げるようにして握る。

⑥上下に海苔を置き、ラップで軽く包んで海苔を安定させて形を整える。

塩水は使わず、必ず手塩で握る。どんぶりを回しながら、だいたいの形をつくっている指先が、すでにおにぎりを握っている。

平たいどんぶりにすり切りくらいに盛ったごはんの中に、具同士の相性を考えた配置で具を埋め込む。真ん中に梅干しを入れる。

手首のスナップを利かせ、空中でおにぎりを回すような感じで放り上げながら、手際よく握る様は、まさにパフォーマンス。

具の上にも、下にあるごはんと同じくらいの量のごはんをのせる。しゃもじで軽く押して、だいたいの形をつくってから握る。

チーズおかかおにぎり

パセリのさわやかな風味が
アクセント

洋風な素材は、しょうゆ少々をまぶしたおかかと組み合わせると、驚くほどにごはんにぴったりな味になります。若い人たちに大好評のボリュームたっぷりのおにぎりです。

ハムおかかおにぎり

ベーコンおかかおにぎり

細かいみじん切りにした生のベーコンをごはんに混ぜる

ロースハムやベーコンのみじん切りを生でごはんに混ぜ込むと、ごはんに脂が溶けだして、ピラフのようなおいしさになります。しょうゆ少々をまぶしたおかかと、みじん切りのパセリやセロリの葉が、絶妙のハーモニーです。

チーズおかか おにぎり

●おかかを加えた洋風おにぎり

チーズ、ハム、ベーコンなどの洋風の素材は、そのままだとごはんになじみませんが、しょうゆ少々をふりかけたおかかを加えると、不思議なくらいぴったり合います。

●チーズおかかおにぎりのつくり方

[材料・1個分] ごはん茶碗1杯分、プロセスチーズ、おかか、しょうゆ、パセリ、海苔

[手塩（または塩水）加減] やや濃いめ（13頁）

[つくり方] ①チーズは細かいさいの目切り。

くせのないプロセスチーズを使う

②おかかにごく少量のしょうゆをたらし、混ぜ合わせておく。

③パセリはみじん切りにして、さらしかペーパータオルに包んで水気をしっかり絞る。

④ボウルにごはんを取り、①〜③を加えて飯粒がつぶれないようさっくり混ぜる。

⑤④でおにぎりを握り、好みで海苔を巻く。

ハムおかか おにぎり

●手づくりのロースハムで握る絶品

ハムもおかかと合わせるとコクのあるおいしいおにぎりになります。おかかにふりかけたおしょうゆの味との調和を考えて、しょうゆにぎりにしてみました。

生でごはんに混ぜ込むので、ハムやベーコンの味でおにぎりの味が決まります。

うちでは、「程島ハム」（神奈川県横浜市西区中央2―6―14 ☎045・323・2226 一本から発送可）のものを使用しています。家族だけで営業している小さな業者さんですが、手づくりの本当においしいハムを

つくっていらっしゃいます。

●ハムおかかおにぎりのつくり方

[材料・1個分] ごはん茶碗1杯分、ロースハム、おかか、しょうゆ、パセリ、海苔

[つくり方] ①ハムはみじん切りにする。

②おかかにごく少量のしょうゆをたらし、混ぜ合わせておく。

③パセリはみじん切りにして、さらしかペーパータオルに包んで水気をしっかり絞る。

④ボウルにごはんを取り、①～③を加えて飯粒がつぶれないようさっくりと混ぜる。

⑤手塩（または塩水）の代わりに手に少量のしょうゆをつけ、④のごはんでおにぎりを握り、好みで海苔を巻く。

ベーコンおかかおにぎり

●厳選した生のベーコンを使う

生のベーコンをごはんに混ぜ込むというと驚く方もいらっしゃいますが、ごはんの熱でベーコンの脂が溶けて全体に回り、ピラフのような、それでいてさっぱりした味わいが楽しめます。

ただし生で食べるだけに、ベーコンは本当においしいものを厳選して使ってください。

ここではセロリの葉を使いましたが、パセリのみじん切りを使ってもいいでしょう。

●ベーコンおかかおにぎりのつくり方

[材料・1個分] ごはん茶碗1杯分、ベーコン、おかか、しょうゆ、セロリの葉（またはパセリのみじん切り）、海苔

[手塩（または塩水）加減] 濃いめ（13頁）

[つくり方] ①ベーコンはみじん切りに。

②おかかにごく少量のしょうゆをたらし、混ぜ合わせておく。セロリの葉はみじん切りにして、水気をしっかり絞る。

③ボウルにごはんを取り、①と②を加えて飯粒がつぶれないようさっくりと混ぜる。

④③でおにぎりを握り、好みで海苔を巻く。

ローストビーフおにぎり

塩コショウでシンプルに焼き上げたローストビーフでおにぎりを巻いたり、ごはんに混ぜ込んで握ったり……贅沢な「遊び感覚」のおにぎりです。

しょうゆ焼きおにぎり

味噌焼きおにぎり

味噌やしょうゆの焼けた香ばしい香りがたまらず、思わず手が伸びてしまいます。飲んだあとの締めや、夜食にもぴったりです。

ローストビーフおにぎり

●ごはんによく合うローストビーフは？

ローストビーフを焼くと、どうしても、お店のお客様にはお出しできない、端っこの部分が残ってしまいます。そんな材料が私のおにぎりの具になります。

薄切りのローストビーフでおにぎりを巻いてみよう、と思ったのは私の遊び心ですが、こちらは特上のおもてなし向きです。

うちでローストビーフを焼くときは、ハーブ類は使わず、塩コショウと香味野菜（タマネギ、セロリ、ニンジンなど）だけのシンプルな味つけが特徴。余計な香りを入れないほうが、ごはんとよく合うからです。

表面にしっかり塩をして、2～3時間なじませてから焼きます。

真ん中のレアの部分はおにぎりを巻くのに使い、端っこのよく焼けた部分はごはんに混ぜ込む、と使い方を変えています。

生焼けをごはんに混ぜると、肉汁がごはんにしみ、おいしそうに見えません。

レアで巻いたおにぎりは保存がきかないので、お弁当には向きません。ちょっと贅沢な家族の食卓用か、お客様のおもてなし向き用のおにぎりです。

●ローストビーフおにぎりのつくり方

［材料・1個分］ごはん茶碗一杯分、ローストビーフ、黒ゴマ

［手塩（または塩水）加減］普通（13頁）

［つくり方］①ローストビーフは、塊の中ほどのレアの部分は薄切りに、端のほうのよく焼けた部分はみじん切りにする。

②塩にぎりをつくり、薄切りのローストビーフを巻く。

③別のごはんをボウルに取り、みじん切りのローストビーフと黒ゴマ少々を加えて混ぜる。

④③のごはんでおにぎりを握る。

味噌焼きおにぎり

●焼いてから味噌を塗るのがコツ

最初から味噌にぎりにして焼いたのでは、焦げすぎておいしく焼けないので、塩にぎりにして焼いてから味噌を塗ります。

●味噌焼きおにぎりのつくり方

［材料・1個分］ごはん茶碗1杯分、味噌、だし、みりん

［手塩（または塩水）加減］普通（13頁）

［つくり方］①鍋に味噌、だし、みりんを合わせ、ほんのり甘め、ややゆるめに加減して、みりんを煮きる程度に火を入れる。

②塩にぎりを握り、200℃に熱したオーブンに入れるか、焼き網にのせて表面を焼く。

③軽く焦げ目がついたら、ハケで①を塗り、乾かすようなつもりで170℃で焼く。これを3回繰り返し、焦げすぎないようじっくり焼く。

しょうゆ焼きおにぎり

●素朴な味を楽しむ

しょうゆ味の焼きおにぎりも、塩にぎりを焼いてから、しょうゆを塗って仕上げます。塗っては焼きを3回繰り返します。

●しょうゆ焼きおにぎりのつくり方

［材料・1個分］ごはん茶碗1杯分、しょうゆ、みりん

［手塩（または塩水）加減］普通（13頁）

［つくり方］①しょうゆにみりん少々を加え、あまり甘すぎずさっぱりした味に調整し、ひと煮立ちさせてアルコール分をとばしておく。

②塩にぎりを握り、200℃に熱したオーブンに入れるか、焼き網にのせて表面を焼く。

③軽く焦げ目がついたら、ハケで①を塗り、乾かすように170℃で焼く。これを3回繰り返し、焦げすぎないようじっくり焼き上げる。

揚げおにぎり

表面がカリカリで中がふんわり、同じ味つけでも、揚げる前とは味ががらりと変わって楽しいおにぎりになります。ボリュームがあって冷めてもおいしいので、お弁当にもぴったりです。梅おにぎり以外でもできますので、いろいろお試しを。

おにぎり茶漬け

コース料理の最後の梅おにぎりをお持ち帰りになったお客様が、翌日のお昼にお茶漬けにして召し上がるのがおいしいと教えてくださった食べ方。たっぷり巻いた海苔の香りもきいた、おいしいお茶漬けになります。

揚げおにぎり

●香ばしく油で揚げる

毎日おにぎりをつくっていたら、目新しいメニューに挑戦したくなりました。梅おにぎりを油で揚げてみたら、外側は「おこし」や「揚げせんべい」みたいに香ばしく、中はほんのりすっぱくて、いままでのおにぎりとはまったく違う味になりました。

生の野菜は揚げるとしなっとしてしまうので、梅おにぎりの定番の材料である大葉は抜きました。海苔は巻きませんが、お好みで巻けば、磯辺揚げになります。

●揚げおにぎりのつくり方

[材料] ごはん茶碗1杯分、練り梅、白ゴマ、揚げ油

[手塩(または塩水)加減] ごく少なめ(13頁)

[つくり方] ①炊きたてのごはんに練り梅と白ゴマをあえ、飯粒をつぶさないよう混ぜる。

②①のごはんでおにぎりを握り、熱した油に入れてさっと素揚げにする。

おにぎり茶漬け

●持ち帰りのおにぎりを茶漬けに

お客様から教えていただいた、おみやげに持ち帰った梅おにぎりのおいしいいただき方です。そのお客様は、俵にぎりを半分に切って、半分はそのまま、半分はお茶漬けでお召し上がりになるとか。お茶漬けにしてもおいしいよう、私は梅おにぎりには、必ずたっぷりの海苔を巻いてお出しします。

●おにぎり茶漬けのつくり方

[材料] 梅おにぎり(29頁参照)、煎茶

[つくり方] ①梅おにぎりを大きめのごはん茶碗に入れ、熱い煎茶を注ぐ。

②箸でおにぎりを崩し、さっと混ぜる。

第５章

今日も
おにぎり日和

黒ゴマとダイコン味噌漬けのおにぎり

おにぎりづくりに明け暮れて

●朝から晩までおにぎりづくり

毎日毎日おにぎりを握り続けて、もう30年たちました。お店でお出しするおにぎり、まかないのおにぎり、孫やその友達のために握るおにぎり……と、私の一日は、いつもおにぎりとともにあります。

私の朝は8時に始まります。遅くとも10時までにはお店に顔を出します。みんなの仕事を見ながら、おにぎりの仕込みや煮物の味つけのチェック、まかないの支度と、あわただしくなります。うちの店にはアルバイトを含めて20人以上の従業員がいて、みんなで同じ食事をいただくので、くだものひとつむくのも大量だから大変なのです。

昼の12時に店のみんなとまかないの食事をとると、あとはもう座る暇もありません。お食事のコースの開始は1時、5時、7時半と3回あって、そのほとんどの「締め」におにぎりをお出ししているのですが、それを握るのも、ほとんどが私の仕事です。

●伝えたい「おばあちゃんの手の味」

おにぎりには年寄りの手加減がちょうどいいらしく、たまに私が忙しくてほかの者におにぎりを任せると、なじみのお客様からは「今日のおにぎりは女将さんが握ったんじゃないよねえ」と見破られてしまいます。

うちのおにぎりは私の味ですが「元町　梅林」の味でもあるのだから、伝えていくため、そろそろほかの者に任せようとはしているのですが、なかなかすんなりとはいきません。

夜10時ごろにやっとお店がかたづいて、それからみんなで夜のまかない。店を出て帰宅するのは深夜0時を回るころ。就寝は午前2時。今日も明日もおにぎり三昧です。

俵むすびには帯状の海苔、全面海苔用には三角形に切った海苔

おいしいごはんはおにぎりの基本

今日のごはんの炊き加減をチェック

塩は天然塩。ほんのり甘くて微妙な味わい

「元町　梅林」とおにぎり

●「元町　梅林」事始め

私のおにぎりは「元町　梅林」の味。「元町　梅林」の味は、私と娘婿の国男、そして従業員みんなの味です。私が生まれたのは静岡県藤枝市ですが、小さいころに横浜に引っ越して以来の横浜育ち。実家は横浜市の吉田町で「梅林」という料亭を開きました。

私は元来料理好きで、実家のお店を手伝ったり、田村魚菜先生の料理教室に通ったりしていましたが、実家の母が「そんなに料理が好きなら」と言って実家を改装して店を出してくれたのが、いまからおよそ30年前。

娘婿が協力してくれるということで、二人三脚が始まりました。これが「元町　梅林」の始まりです。

●梅おにぎりの誕生

お店のメニューを考えるにあたり、締めのごはんものは何にしようと考えたとき、浮かんだのが「おにぎり」なのです。

魚を浜から直接仕入れるので、どうしても大量買いになります。そこで料理の品数を増やし、量もたっぷりにしたところ、最後のごはんを食べきれないお客様が多いのです。

そこでおにぎりにしてお出しして、食べきれないならお持ち帰りいただけるようにしようと思ったのです。

このとき始めた梅おにぎりが、現在も名物メニューになっています。

店では、おにぎりだけではなく、お持ち帰り可能なお料理はすべて、お包みしてお持ち帰りいただけるようにしています。

そして私の信条は「まずいものは出したくない」。私がおいしいと思うものだけを、心を込めて、お客様にお届けしています。

「爆弾おにぎり」の出来具合を採点

横浜元町裏の静かなたたずまい「元町 梅林」

客間はすべて和風

「元町 梅林」開店以来の名物、梅おにぎり

3升ずつ炊くごはんは、おにぎり60個分

●米選びと米とぎ

おにぎりといえばごはん、ごはんといえばお米です。おにぎりを握り続ける私の毎日はごはんとお米に向きあう毎日でもあります。

店で握るおにぎりの数は、その日によっても違いますが、一日およそ80〜100人分。ごはんは5升炊きの釜で、一度に3升ずつ炊いています。釜いっぱいにすると、おいしいごはんが炊けないからです。

お米は出入りのお米屋さんに調合してもらっています。開店以来のつき合いですから、味の好みはすっかりのみ込んでもらっています。おにぎり用には少し粘り気のあるお米がいいんです。

昔、新人の仕事はといえば、まずは米とぎだったものです。寿司飯やおにぎり用には、糠を完全に落としたほうがおいしいので「腰を入れて」ギュッ、ギュッ、ギュッととがなければいけないので、大変な作業でした。

現在は、米とぎ機という便利なものができましたので、この仕事はなくなりましたが、ごはんを炊くのは料理人の基本なので、きちんと教えていきたいと思っています。

●ごはん炊きのタイミング

3升のごはんで、梅おにぎりをつくると約60個分。けれども、爆弾おにぎりはなんと10個しかできません。

私の仕事の進み具合を見ながら、ごはんが足りなくならないよう、上手にごはんを炊き足していくのが「ごはん炊き」の仕事なのです。「爆弾おにぎり」の数の多いときは、それはもう大変ですが、いまではすっかり呼吸が合って、いいタイミングで、上手に炊いたごはんを出してもらっています。

炊きあがったごはん。この釜で3升、「爆弾おにぎり」10個分

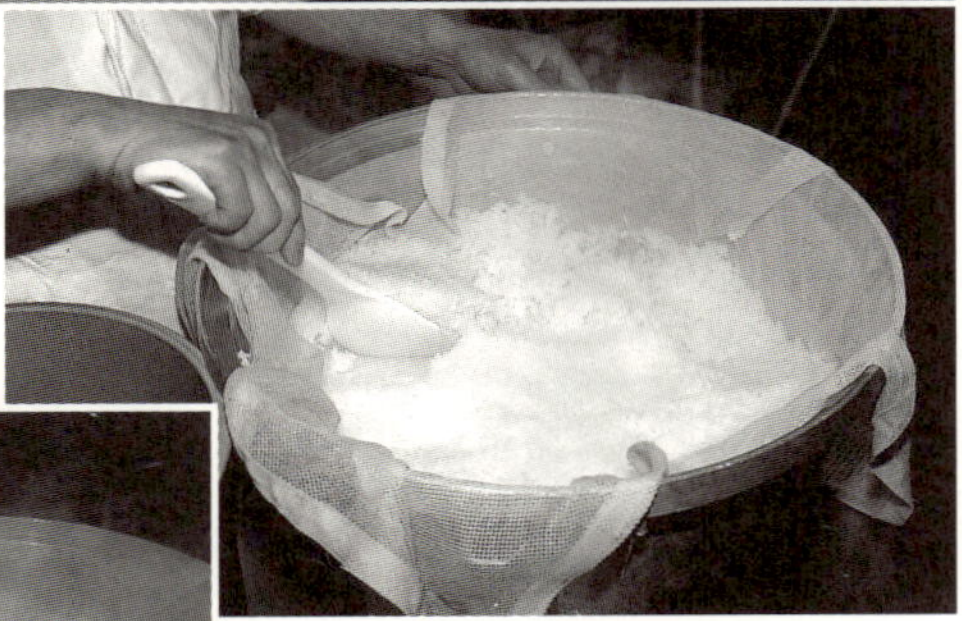

蒸らしたごはんをしゃもじでごはん粒が立つように混ぜる

保温ジャーに入れて保温。しかし、おにぎりを握ると、あっという間になくなる

旬のおいしい素材を生かす

●本当においしい材料を吟味する

私は心底「まずいものは出したくない」主義。根っからの食いしん坊です。

おにぎりは、ごはんと具というとてもシンプルな組み合わせの「料理」です。シンプルだからこそ、材料の良し悪しがすべて。いい材料を吟味することが、おいしいおにぎりをつくるコツだといっていいほどです。

「元町　梅林」では、魚介類は浜から直送、野菜類や他の材料も吟味して、私が「おいしい」と思ったものだけを使っています。仕入れの関係で材料が余ることもあり、お客様に出せない部分も出てきます。それらは主として「まかない」に回されますが、これが私のおにぎりの材料にもなります。

旬《しゅん》のおいしい素材を吟味して、世間から見れば贅沢に見えるおにぎりではありますが、私たち料理人にとっては「仕入れたものを無駄なく使う、始末する仕事」なのです。

●半日置いても安全なおにぎり

店でお出しするおにぎりは、お客様がお持ち帰りすることを前提にしています。うちはコースの品数が多く、おにぎりどころかお料理もお持ち帰りしていただかないと、皆さん食べきれないことが多いのです。

また、おにぎりは本来「お弁当」として持ち歩くもの。私のおにぎりのバリエーションがここまで増えたのも、孫やその友達のお弁当、部活の差し入れにと、いろいろくふうしていったからです。

だから、おにぎりの具は、絶対に半日以上日もちのするもの、完全に火を通した、しっかり塩味のついたものにしています。「おいしくて安全」、それが私の心づかいです。

ミツバは鮭とよく合う

魚介類。左・上から、アサリのしぐれ煮、トビウオの干物の梅あえ、鮭。右・上から、カマスの干物、焼きタラコ、サンショウジャコ

左から、パセリ、セロリの葉、大葉。パセリとセロリはみじん切りにしてよく水分を絞り、大葉は手で大きめにちぎって、おにぎりに入れる

手づくりの保存食を生かす

●濃すぎず薄すぎずの味加減が決め手

私のおにぎりに入れる具は、手づくりが原則。佃煮も干物も自家製です。市販のものを使うと、どうも「私のおにぎり」の味がしません。私の味を出すために、手づくりにこだわっています。

おにぎりの具はおかず。ごはんとおかずを一緒に包み込んだものが、おにぎりです。

市販の佃煮は味つけが濃すぎて、あまりたくさん入れられません。素材本来の味も消してしまっている気がするのです。私は、よく吟味したとびきりの材料で、材料の味を生かす程度に薄味で、けれどもしっかり味のついた佃煮を煮て、おにぎりに入れています。

ごはんと一緒に口の中に入るので、あまりに薄味すぎてもおいしくないので、そのへんの加減がおいしさの秘訣かもしれません。

梅干しは大量に使うので、自家製のものと大分県から取り寄せたものと市販の練り梅の3種類を使い分けています。

●残りもののおかずが、おにぎりに

私はよく魚の干物をおにぎりに入れますが、この干物も全部手づくりです。店では浜から直接魚介類を仕入れるので、どうしても量が多すぎて余ってしまいます。翌日には生で店の味として出すことができないものですが、通常の魚の仕入れルートで市場で買うよりは新鮮な魚。これを干物にしておにぎりに入れたのが、その始まりです。

煮物もおにぎりの具になります。ただし汁気のあるものはうまく握れないので、しっかり絞ってから使います。前日のおかずが残っていれば、何でもおにぎりになるといってもいいくらいです。

サンショウジャコは、煮崩れしやすいので、慎重にかき混ぜながら、一日かけて煮上げる

梅干しは、自家製のものと、市販の練り梅を使い分ける

おにぎりに入れるキンピラは、薄く短いささがきのゴボウでつくる

おにぎりは中をふんわり握る

●手のどの部分を使って握るか

私はおにぎりは「年寄りの仕事」だと思っています。力の強い若い人が握ると、中までかっちり握りすぎてかたくなり、口の中に入れたときに、ハラリとほどけないのです。ふわりとしたやわらかい、やさしい味のおにぎりは、「おばあちゃんの手」の味です。

おにぎりを握るのは、両手の指の第1関節から、手のひらの上のほうにかけて、主として人さし指、中指、薬指の3本指です。

利き手の手のひらを手前に向けて真横に倒し、もう一方を真っすぐその上に重ねて十文字に合わせます。手のひらが見えるほうの手の人さし指の第1関節に、もう片方の手の薬指を合わせ、両手首に軽く力を入れて、押し合わせてください。弾力が感じられるはずです。おにぎりはこの部分で握るのです。

●「握り」の練習法

次に、両手首を交互に倒しながら、3本の指を軽く曲げて「握って」みましょう。1、2、1、2……とテンポよく動かせるようになるまで、繰り返してみてください。

それが上手にできるようになったら、両手首を向こう側に倒しながら両手の3本の指を同時に軽く曲げてみます。これが、おにぎりの握り方の基本です。

手首のスナップを利かせ、リズミカルに握れるよう、繰り返し練習してみましょう。

握りの強さの加減は、指の曲げ具合。慣れない人や力のある人は、指の力で握ってしまいがちです。指は軽く曲げて添えるだけ。力は入れません。手首のスナップを利かせて、腰を入れて握る、これが、外側しっかり、中はふんわりとやわらかく握るコツです。

丸、三角、俵、球……と形も大きさもさまざま。具によって形を変えると、食べるときにわかりやすくて便利

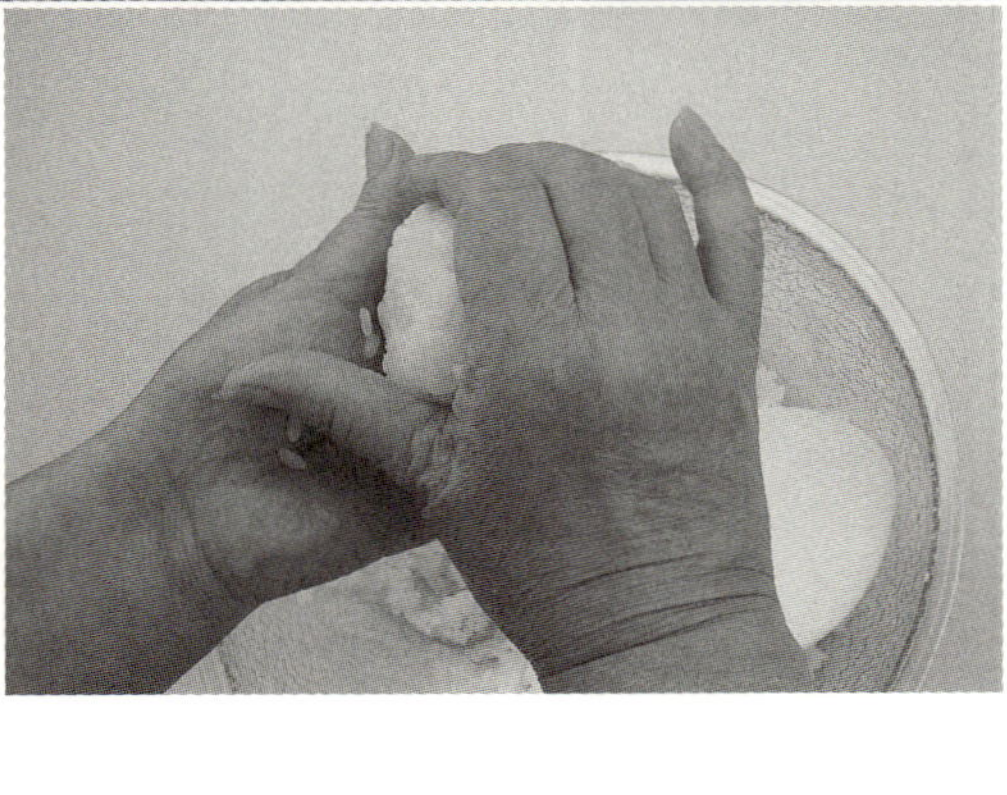

両手首を倒しながら、両手の3本の指を同時に軽く曲げて握るのが握り方の基本。手首のスナップを利かせ、外しっかり、中ふんわりと握る

おにぎりの包み方のテクニック

●ラップで1個ずつ包む

おにぎりはもともと携帯食。衛生面を考えても、何かに包む必要があります。合理性と風情の両面から考えてみると……。

食べ物を包むといえば、まず思いつくのがラップ。何個かをまとめて包むのではなく、1個ずつラップにくるんでおけば、持ち歩くときも、食べるときも、また持っていってほかの人に分けるときも便利で、しかも衛生的。形も整い、巻いた海苔も安定します。

ただし、あまりきっちり包んでしまうと、せっかくやわらかく握ったおにぎりが、中までかたく締まりすぎてしまいます。ラップが軽く張りを持っておにぎり全体をふわりとおおうよう、やさしく包むのがコツです。

個別に包んだあと、1人分ずつ分けたいならば、ホイルに包んで袋に入れたりお弁当風呂敷に包んだりします。市販のおにぎりバスケットやお菓子の空き箱などを利用すると、おにぎりをつぶさず持ち運べて便利です。

●昔ながらの竹皮で包む

ラップやホイルのなかった昔、人々はおにぎりを竹皮に包んで持ち歩きました。竹皮は裏面がすべすべしていておにぎりがくっつかず、通気性もあって軽く、使い捨てできるので重宝したものでした。竹皮を縦に裂くとヒモができるので、別に用意しなくても、竹皮だけで包むことができるのも便利です。

現在は包装用品としての竹皮を探すほうが面倒ではありますが、風情のある包み方ですので、包み方を覚えておくといいでしょう(左頁参照)。ちょっと気を張るお相手にお持ちする場合などにおすすめです。コツを覚えてしまえば簡単にできます。

①竹皮の表面。裏返しておにぎりを置く

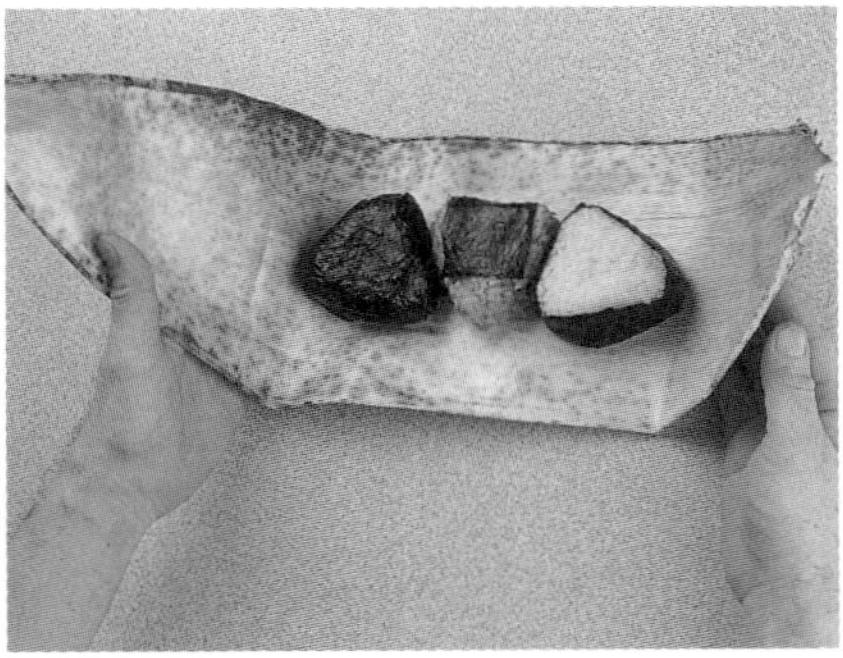

②おにぎりを隙間なく並べ、左右を立てる

③おにぎりに密着するよう折り目をつける

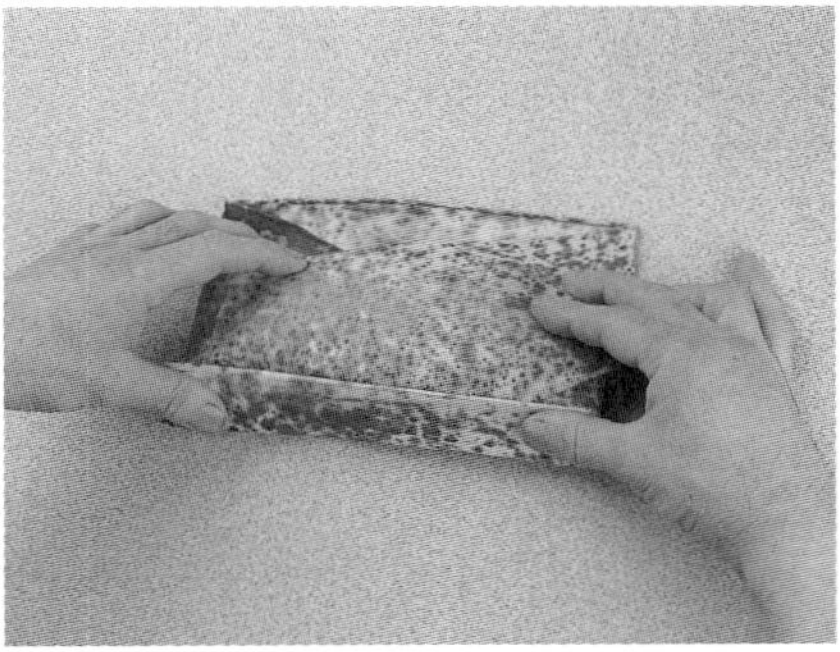

④両端も、おにぎりに密着させて折り込む

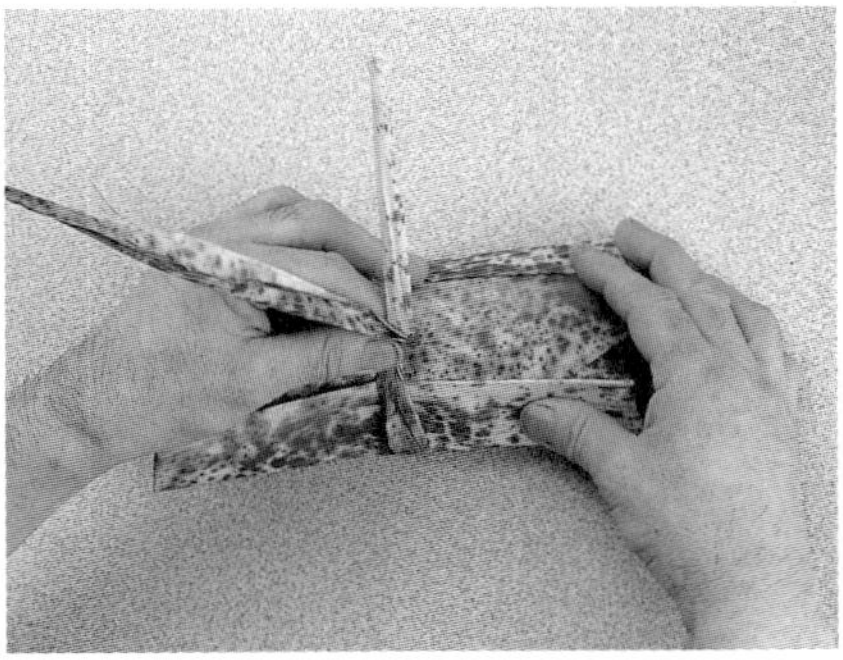

⑤竹皮をさいてつくったヒモをかけ、ねじる

⑥ヒモの先端を結び目の下に通して止める

おにぎりとおむすび、にぎり飯

●おむすびは御所の女官用語

お米文化の国は数あれど、熱いごはんを手で握ったおにぎりを食べるのは、日本だけの文化です。それだけに、日本人にはおにぎりに独特のこだわりがあるようです。

おにぎり、おむすび、にぎり飯と、いろいろな呼び方があるのも、日本人とこの食品との深い歴史的・文化的かかわり合いを示しているのではないかと思います。

では、どうして呼び方が分かれたのでしょうか。

おむすびは、御所に勤めた女官たちが用いた言葉。両手を結んで飯を握ることを、しゃれた言葉で表現したのです。

その語源は「神結び」からきていて、人が両手に米粒を持ち、それを心を込めて結ぶという意味ともいわれます。

したがって「おむすび」の芯には必ず「御霊」としての具を入れ、具のないおむすびは存在せず、ただの「にぎり飯」である、という話もありますが、定かではありません。

●にぎり飯とおにぎり

にぎり飯は、ごはんを握る動作から生まれた言葉で、お寿司の「にぎり」などと同じような語源です。

江戸時代、寿司飯を片手で軽く握り、具をのせた「にぎり」は、忙しい男たちのファストフードでした。同じ語源のにぎり飯は、戦場で駆け回る忙しい男たちが、弁当(「当座に便利」の中国語から生まれた言葉)に食したもので、つまりは男言葉です。

そして、おにぎり。これは、にぎり飯の丁寧語。荒っぽい男言葉を、やさしくオブラートに包んだものといえます。

昔も今もおにぎりはファストフード

●コンビニおにぎりは新商品競争

おにぎりは昔は「母の味」、今は「コンビニの味」、とまでいわれるほど、テイクアウト食品としての人気も抜群。日本古来のファストフードです。そこで、最近のおにぎり市場について考えてみました。

　コンビニのおにぎりは、短いサイクルで商品が入れ替わるアイデア勝負の世界。和風・洋風・中華風・韓国風……と、目新しい商品が次々と入れ替わります。変わり種の具ほど人気の盛衰が激しいようです。

　しかし、新商品が続々登場しても、結局は定番メニューに人気が集まるようで、２００１年、「ごはんを食べよう国民運動推進協議会」が行ったアンケートによれば、おにぎりの具の人気は、1位が梅干し、2位が鮭、3位がおかか。鮭は北海道や東北で人気が高く、東海ではしぐれ、九州では明太子が上位に入るなど、地域によって好みが違ってきます。

　いっぽう最近では、自然食嗜好のメニューに人気の兆しがあり、２０００年に首都圏のコンビニに並ぶようになった「五穀ごはんおにぎり」はロングセラーになっています。

●専門店やお米屋さんのおにぎり

コンビニおにぎりが、目先の変わった具を売り物にするなら、プロの味で勝負するのが専門店のおにぎり。デパートの食品売場などを中心に人気を集めています。米や具を厳選した上品な味わいが人気です。

　また、最近注目されているのが、お米屋さんのおにぎり。独自のブレンド米でおいしいごはんを炊き、おにぎりを提供する店が増えてきています。具にもくふうを凝らし、おにぎり業界に新しい風を巻き起こしています。

「元町　梅林」のお客様とおにぎり

●映画関係者の皆様とのご縁

私は「元町　梅林」の開店以来、絶え間なくおにぎりを握り続けてきました。おなじみのお客様も多く、重なる年月とともに、さまざまな思い出が深まっています。

映画監督の故・黒澤明先生は、ことのほか私どもの店を気に入ってくださり、黒澤組の忘年会だ、新年会だとおっしゃっては、皆さんでいらっしゃってくださったものです。

私どもの店には、黒澤先生が書いてくださった看板が二枚、玄関と店内入り口付近に、階段の踊り場には黒澤先生の映画のラフコンテが飾ってあります。これを眺めるたびに、いろいろな思い出が胸の中をよぎります。もうお会いすることはかないませんが、せめてもの思い出にと、先生の命日の週には店の玄関先に白い花を飾らせていただいています。

俳優の仲代達也さんも昔からのおなじみで、ご家族やお仲間とご一緒にたびたびおいでになってくださいます。

●人と人との心を結ぶ

親・子・孫の3代にわたってごひいきにしてくださるお客様もいます。地方からわざわざうちの料理を召し上がりついでの観光にいらしてくださるお客様もいらっしゃいます。

私は極力、お客様にご挨拶するよう心がけています。今日の料理のこと、以前お持ち帰りになったおにぎりをどうやって召し上がったか、おいしい食材の話等々、いろいろなお客様がいろいろなお話を運んでくださいます。お客様から教わることばかりです。

1つのおにぎりから会話が広がります。私どもは、いつまでもそんなお店でありたいと思っています。

店内に飾られた故・黒澤明監督直筆の看板

端正な「隠れ家」的なたたずまい

コース料理のメインは新鮮な魚介の刺し身

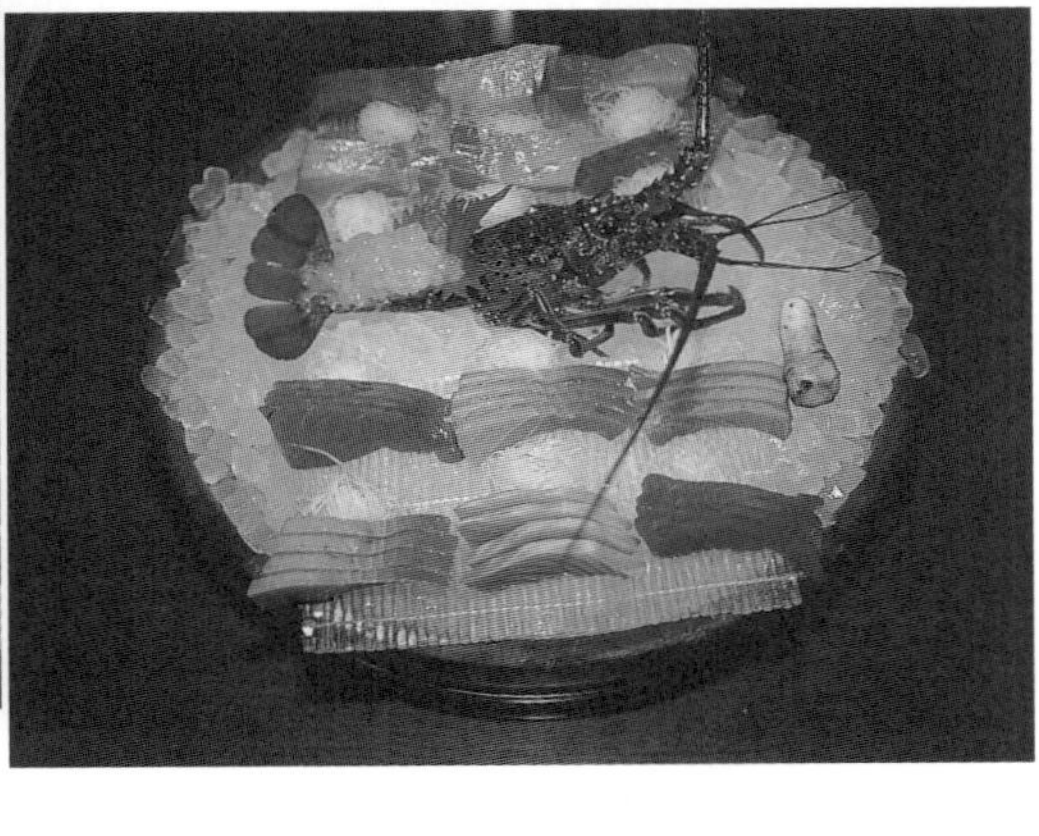

料理屋「元町 梅林」インフォメーション

〒231-0861
神奈川県横浜市中区元町1-55
TEL045-662-2215（2時間制のコース料理が基本。要予約）
13：00〜15：00、17：00〜19：00、19：30〜21：30
JR石川町駅下車、南口より徒歩約10分
みなとみらい線 元町・中華街駅下車、徒歩約3分
第1月曜定休

今日も明日もおにぎりを握る

女将の心尽くしのおにぎりは「元町 梅林」の味

撮影協力――「元町 梅林」
若主人・平尾国男＆スタッフ

著者プロフィール

●平尾禮子（ひらお　ひろこ）

静岡県藤枝市生まれ。7歳から神奈川県横浜市に移り住む。横浜共立学園卒業。実家の「吉田町梅林」を手伝うかたわら、料理研究家の田村魚菜氏（東京都目黒区自由が丘）に師事する。母のすすめで1972年、「元町 梅林」をオープン。映画監督の故・黒澤明氏をはじめとするなじみ客などに愛され支えられ、今日に至る。夫と娘夫婦、孫2人の6人家族。上質な食材をもとにしたコース料理の締めに出す梅おにぎり、爆弾おにぎりは、孫や厨房スタッフ用につくる具だくさんのおにぎりとともに好評を得る。女将として店を切り盛りしながら、おにぎりを握り続ける日々を過ごす。

［遊《あそ》び尽《づ》くし］女将《おかみ》の評判《ひょうばん》おにぎり

2001年11月26日　第1刷発行
2009年3月26日　第2刷発行

著　　者——平尾禮子《ひらおひろこ》

発 行 者——相場博也

発 行 所——株式会社 創森社
〒162-0805 東京都新宿区矢来町96-4
TEL 03-5228-2270　FAX 03-5228-2410
http://www.soshinsha-pub.com
振替 00160-7-770406

組　　版——有限会社 天龍社

印刷製本——中央精版印刷株式会社

 ISBN978-4-88340-121-5 C0077

HOMEMADE & COOKING

[遊び尽くし]シリーズ　●創森社

焚き火クッキング指南
かまどを作り、薪を拾って火を焚く。食材を煮たり焼いたりあぶったり……豪胆の贅を尽くす焚き火料理ノウハウ集。

A5判・144頁・定価（本体一二六二円＋税）　大森　博著

漁師流クッキング礼讃
とれとれの新鮮な魚介が手に入ったら、速攻を持ち味とする漁師料理にチャレンジ!!　超美味に思わず舌鼓を打つ。

A5判・144頁・定価（本体一二六二円＋税）　甲斐崎　圭著

炭火クッキング道楽
遠赤外線効果もあって、熱源としての炭が見直されている。肉、魚介、穀菜などの食材を生かした炭火料理の決定版!!

A5判・144頁・定価（本体一二六二円＋税）　増田幹雄編

九十九里発　イワシ料理
イワシの本場である千葉・九十九里町。ここで受け継がれたイワシの郷土食から新しい調理法まで、まるごと伝授。

A5判・112頁・定価（本体一一六五円＋税）　田村清子編

きのこクッキング王道
独特の香りがある天然キノコ。マツタケからシメジ、マイタケ、ナメコなど野趣満点のキノコ料理オン・パレード。

A5判・132頁・定価（本体一二六二円＋税）　きのこ満悦クラブ編

週末は鍋奉行レシピで
フンワリ立ちのぼる湯気、プーンと漂う香り……暑さ寒さをものともせず、一つ鍋の家の子郎党的「共食」を楽しむ。

A5判・128頁・定価（本体一一六五円＋税）　小野員裕著

燻製づくり太鼓判
"煙の魔術"によって肉、魚介などがオツな味に変身。つくる楽しみ、食べる喜びを体得する燻製クッキング入門書。

A5判・160頁・定価（本体一二六二円＋税）　大海　淳著

干物づくり朝飯前
手塩にかけてつくった無添加・天日干しの干物は、一枚一枚が実にうまい!!　新鮮な魚介でホンモノ干物づくりに腕まくり。

A5判・112頁・定価（本体一一六五円＋税）　島田静男著

とっておき果実酒　薬酒
季節を漬け込むお気に入り果実酒、秘蔵果実酒、ヘルシー薬酒などのつくり方を解説。野山の逸材を楽しむ芳醇ガイド本。

A5判・132頁・定価（本体一二六二円＋税）　大和富美子著

手づくりみそ自慢
国産大豆を使って仕込んだ無添加・天然醸造のみそ。栄養価にすぐれ、しかも安全でうまい。手前みそづくり早わかり本。

A5判・112頁・定価（本体一一六五円＋税）　辻田紀代志著

塩辛づくり隠し技
低塩分、無添加の自家製塩辛は、ごはんの友や酒の肴に打ってつけ。イカの塩辛、酒盗、このわたなどのつくり方を大公開!!

A5判・116頁・定価（本体一一六五円＋税）　臼井一茂著

お気に入りハーブ料理
五感で楽しむハーブ。味わうときには香りづけ、辛みづけ、色づけなどに大活躍。元気の素となるハーブ料理セレクション。

A5判・132頁・定価（本体一二六二円＋税）　佐俣弥生著

お手製ジャムはいかが
旬の果実を生かした手づくりジャム。独特の香りや甘さ、色合いがうれしい。材料の求め方、つくり方、楽しみ方を紹介。

A5判・116頁・定価（本体一二〇〇円＋税）　池宮理久著

豆腐づくり勘どころ
のどごしがよく、豆のほのかな甘みが広がる……有機栽培大豆、天然ニガリなどを使った究極のこだわり豆腐お手本。

A5判・116頁・定価（本体一三三八円＋税）　木谷富雄著

あざやか浅漬け直伝
旬の野菜を手軽にたっぷり摂れることで、人気ナンバーワンの浅漬け。材料の選び方からつくり方までの超簡単レッスン。

A5判・116頁・定価（本体一三三八円＋税）　針塚藤重著

無敵のにんにく料理
スタミナ抜群の食材にんにく。すぐれた成分と薬効を生かしきりたい。おいしく楽しいまるごとにんにくクッキング本。

A5判・112頁・定価（本体一三三三円＋税）　早川拓視著

絶品キムチ早わかり
まろやかな味とコクは伝統の漬けものの奥深さを教えてくれる。本来の素材・つくり方にこだわる本格キムチ早わかり本。

A5判・112頁・定価（本体一三三三円＋税）　呉永錫・柳香姫著

ことこと豆料理レッスン
豆の仲間は多士済々。老舗乾物屋の女将が粒より豆料理の手早いつくり方を紹介。とびっきり豆クッキング便利ブック。

A5判・132頁・定価（本体一二三八円＋税）　長谷部美野子著

創森社　〒162-0805 東京都新宿区矢来町96-4
TEL03-5228-2270　FAX03-5228-2410
＊定価（本体価格＋税）は変わる場合があります
http://www.soshinsha-pub.com